大都會文化
METROPOLITAN CULTURE

不可不慎的面子問題

目錄

前言

一個在台灣生活了大約五年的外國朋友，有一次我和他聊天，他對我說：「你們台灣人有一樣東西非常有意思，與人交往時，自己要有，也要讓別人有。」

我聽了覺得很新鮮，「這到底是什麼東西？」於是我就好奇地問他。

他看著我說出兩個字：「面子。」

聽完他的答案，我不禁啞然失笑。的確，在我們這個社會裡，面子是一件非常重要的工具，如果你掌握好這個工具，會讓自己與各種人相處，都能如魚得水。更重要的是，你要學會給別人面子，只有照顧到對方的面子，才能讓你得到他人的欣賞和喜愛。

不要小看了面子的問題。有人因為「面子」，一意孤行，固執己見，對別人的勸說和批評置之不顧，結果一步步朝著錯誤的深淵走近；有人因為「面子」和別人爭得臉紅脖子粗，甚至互相謾罵、大打出手；即便是朋友，

也會因為「面子」，鬧得非常不愉快，直至反目成仇……。

給人面子，並不是要你卑躬屈膝、逢迎拍馬，那反而讓人覺得你是個不誠懇的人。最主要的就是在對方尷尬的時候，在對方感覺沒面子的時候，主動地給對方一個台階下。

如果你想要在社會中佔有一席之地，各色人種都可以和你和諧地相處，那你就一定要注意隨時隨地給對方台階下。

有人因為沒有給別人一個台階下，結果到手的生意就為了那麼一點不起眼的小事，被別的競爭對手搶走了；有人因為沒有給別人一個台階下，結果被別人懷恨在心，在遭到對方報復的時候，還根本不明白是怎麼回事兒呢；有人因為沒有給別人一個台階下，結果失去了寶貴的友情、愛情，引起周圍朋友對他的不滿。

給別人一個台階，可能只是很簡單的一件事情。也許只是你主動地為對方打開前面的門；也許只是你為他人泡上一壺茶；也許只是你為對方說上一句話；也許只是你的一個微笑；也許只是你的一個眼神……任何一個細微的行為都有可能幫助到對方，給對方一個台階。

給對方一個台階，會讓對方覺得自己的重要，會讓對方感覺到他在你的心中佔有重要的地位，人們對於這樣的感受都會非常高興，如果你能夠給他這種感受，那麼他自然而然就會喜歡你，自然而然就會幫助你，而且他還覺得很感謝你。

舉手之勞，也許對於對方來講，就是銘記一生的感激。

你又何樂而不為呢！

不可不慎的面子問題

第一章・把握交友的分寸

朋友之間往往會因為友誼而有些不知分寸，所以在朋友面前有些忘乎所以、口無遮攔。但是，如果讓朋友傷了面子，志同道合的朋友也會反目成仇。

君子之交淡如水

在台灣，中庸之道是一種至高的做人境界。掌握了中庸之道，便能在生活中遊刃有餘。交友是生活的一部分，同樣要講中庸，除了「淡而不厭」之外，還要「簡而文」，「溫而理」，即簡略而文雅，溫和且合情理。

交朋友，千萬不可以自我為中心，讓朋友圍繞著你的愛好轉，讓整個世界都是你的色彩，也不能只管自我感覺良好。「和而不同」，尊重自己，尊重朋友，你也不必跟在朋友的後面，亦步亦趨，更不必強迫人意，使人同己。客觀、冷靜、明智，才不會舉措失當。

歷來人們都主張知人而交，對不很瞭解的人，應有所戒備，對已經基本瞭解、可以信賴的朋友，應該多一些信任，少一些猜疑；多一些真誠，少一些戒備。對可以信賴的人，真真假假，含含糊糊，是不明智之舉。傅雷先生說：「一個人只要真誠，總能打動人的，即使人家一時不瞭解，日後便會瞭解的。」又說：「我一生做事，總是第一坦白，第二坦白，第三還是坦白。繞圈子，躲躲閃閃，反易叫人疑心。你耍手段，倒不如光明正大，實話實說。只要態度誠懇、謙卑、恭敬，無論如何人家不會對你怎麼樣的。」

以誠待人，要坦蕩無私，光明正大。一旦發現對方有缺點和錯誤，特別是對他的事業關

係密切的缺點和錯誤，要及時地指出，督促他立即改正。雖然人總是不喜歡被批評，但意識到批評者確實是為自己著想時，就能理解接受。使彼此的心靈得以溝通，友情得到發展。

以誠待人，應當知人而交。當你捧出赤誠之心時，先看看站在面前的是什麼人，不應該對不可信賴的人敞開心扉。否則，將會適得其反。

要想得到知己的朋友，首先要敞開自己的心扉。要講真話、實話，不遮遮掩掩、吞吞吐吐，以你的坦率換得朋友的赤誠和愛戴。

以誠待人，方能在可以信賴的人們之間架起心靈的橋樑，透過這座橋樑，打開對方心靈的大門，並在此基礎上並肩攜手，合作共事。自己真誠實在，表露真心，「敞開心扉給人看」，對方會感到你信任他，從而卸下猜疑、戒備心理，把你作為知心朋友，樂意向你訴說一切。心理學家認為，每個人的想法深處都有內隱閉鎖的一面，同時，又有開放的一面希望獲得他人的瞭解和信任。然而，開放是定向的，是向自己信得過的人開放。以誠待人，能夠獲得人們的信任。以一個開放的心靈換取到一位願用全部身心幫助自己的朋友，這就是用真誠換來真誠。如果人們在發展人際關係中，能用誠信取代防備、猜疑，就能獲得出乎意料的好結局。

很多人交友是為求心靈的溝通。人除了物質，還有意識，吃飽喝足，就要想事情，而這些事情，一個人「獨吞」於腹是很難受的，必須找人來交流宣洩。無論是情感隱私，還是遭遇，憋在心裡，時間久了，便如鯁在喉，不吐不快。

君子之交，是為了心靈的溝通，並不具有功利的想法。而它對中國人影響之深也令人感歎。在一個特別重視交際、講究關係的民族中，是不該以「不善交際」為美德的。最重要的原因就是君子之交，因為它強調的是「淡、簡、文」，甚至「木訥」。

君子之交淡如水，是道家莊子的名言。與儒家《中庸》上的「君子之道，淡而不厭」，是同一個道理。君子的交友之道，如淡淡的流水，長流不息，源遠流長。

無度不丈夫

交友，要嚴以律己，寬以待人。嚴以律己，就是要嚴格約束自己，做事儘量減少差錯；

寬以待人，便是對人要寬厚容讓、和氣、大度。

蘇東坡年輕的時候有一個朋友，叫章惇，後來做上了宰相，執掌大權。他把持政局時，把蘇東坡發配嶺南，又貶至海南。後來，蘇東坡遇赦北歸，章惇正垮臺被放逐到嶺南的雷州半島。蘇東坡聽到這個消息，給章惇寫了封信，說：聽到這個消息，我很驚嘆，這麼大年紀還得浪跡天涯，心情可想而知，好在雷州一帶雖偏遠，但無瘴氣。安慰章惇的老母親，並對他兒子說過去的就別提，多想想將來云云。可想而知，蘇東坡如此大度，章惇自是羞愧不已，一家人都對蘇東坡心存感激。

蘇東坡的胸懷就是比一般的人寬廣，對一個幾乎將自己置於死地的人，在他落難時，還能盡朋友之責。人們常將一句古諺寫成「無毒不丈夫」，其實其全貌是「量小非君子，無度不丈夫」，這才是它的本來面目。

一個人不僅要自己的胸懷寬廣，度量恢宏，更要注意朋友的自尊。

一個人如果損失了金錢，那還可以再賺回來，一旦自尊心受到傷害，問題可大了。因為金錢沒了，還可以賺回來，心靈受了傷害，就不是那麼容易彌補的。也許你並無傷友之意，但往往由於一句話或一件事傷害了別人，甚至可能為自己樹立了一個敵人。

中山是戰國時代的小國，一次，國君設宴款待國內的名士，正巧羊肉羹不夠，無法讓全場的人都喝到。司馬子期因沒喝到羊肉羹而懷恨在心，他跑到楚國，用計勸楚王攻打中山。楚是強國，中山輕而易舉被攻破。國君外逃時，發現有兩人拿著武器一路保護他，他問這兩個人來幹什麼，二人答道：「我父親因您賜他一盤食物而免於餓死，他去世前叮囑，要我們必須竭盡全力報效您。」中山君聽罷，感歎說：「給的東西不在乎多少，而在於別人是否需要；施怨不在深淺，卻在於你是否傷了別人的心。我因一杯羊肉羹亡了國，卻因一盤食物得到兩位勇士。」

從這則典故中可以說明，朋友的自尊傷害不得。現在的人，越來越強調個性，好勝心極強，常常把事做「絕」，表明自己的正確或勝利才罷手，如此，就會傷害感情。在一些小事小節上，你大可讓朋友「贏」上一把，高興高興，照顧照顧友人的自尊，這也是一個獲得多方面好感的機會。

要想重視友人的自尊心，必須先抑制自己的好勝心。不過，越是神吹大擂，旁若無人地使自己出盡風頭，一味地過癮，不僅得不到友情，還會傷了友人的自尊心。

一位先生在閒暇時找朋友聯絡聯絡感情，兩人對弈。一上手，他就對朋友猛攻狂殺，搞

朋友之間往往會因為友誼而有些不知分寸，如果傷了面子，志同道合的朋友也會反目成仇。

得朋友顧前不顧後，十分緊張。而且，他自以為棋術高超，故意露了一個破綻，朋友發現，立即進攻，不想他使出殺著，還得意地說「你死定了」。把朋友弄得灰頭灰臉，朋友自然大不高興。此後，這位先生再去找朋友，人家就一副愛理不理的樣子，再不肯與他下棋，他卻始終不明白為什麼。

本來是一場輕鬆、愉快的友誼賽，卻搞得緊張不堪，贏了棋，卻失去了朋友。可見要交朋友，就要寬心待人，必須抑制自己的好勝心。

沒有尊重就沒有友誼，好像沒有基石就不可能築起大廈一樣。那麼尊重從何開始呢？心理學家告訴我們：尊重只有在自尊自愛的基礎上才能誕生。

做他人的朋友也意味著做自己的朋友。自尊自愛是件有益的事，希望人們自愛。懂得自愛的人往往關心自己，這不僅是在交際中的重要之事，也是為人處世的重要之事。可這不是追求個人成就，不是自我陶醉，也不是自私的表現。如果我們不懂得自愛，就會成為甘願犧牲自己的自我虐待者，或者成為沒有臉譜的塑像毛坯，等待著那些雕塑家來給我們塑造。自愛也不是一見鏡子就照，更不是自我吹噓。自愛就是要懂得愛自己，要瞭解自己，甚至連自己所謂的「缺陷」也要愛。要想自愛就要做到自尊。

那麼人們是不是等到提高了自尊心之後才能交朋友？絕對不是。這樣也許得永遠等下去，等到理解友誼，結交那些能反映自己長處的朋友，方能增強自愛。有了這種自愛又給予我們向朋友表達友愛的勇氣。這是無限迴圈的返復運動，好似海浪沖上海岸又退回大海一樣。

有了自尊自愛，也就懂得了尊重朋友，尤其是你們出現意見分歧時。友情的價值全在於互相尊重對方，也在於互不傷害各自的獨創性。

孔子：「君子破此團結，但有不同的意，互相切磋。小人嗜好相同，破此勾心鬥角，互相偷襲。」

雙方掩飾自己而保持表面的一團和氣，這樣的友情對雙方都是有害無益的。

雙方都保持自己的個性，這樣才能越發相互信賴、長久，相互尊敬，建立真正的友情。當然，在某些特殊的場合，為了幫助朋友，有時需要損傷以至犧牲自己的利益，但這畢竟是在「萬一」的時候。平時，友情的基礎應該是雙方都不扭曲自己，照自己確信的方式生活，走自己嚮往的道路，在前進的道路上與朋友保持良好的關係，這才是真正的友情。

結識新朋友，不忘老朋友

有一種朋友也是你不能忽略的，那就是在應酬場合認識，只交換名片，談不上交情的朋友。這種朋友各種行業各種階層都會有，你不可把這些名片丟掉，應該在名片中儘量記下這些人的特徵，以備再見面時能「一眼認出」。但有一點，名片帶回家，要依姓氏或專長、行業分類保存下來。你不必刻意去結交他們，但可以藉機在電話裡向他們請教一兩個專業問題，話裡自然要提一下你們碰面的場合，以喚起他對你的印象。有過「請教」的歷史，他對你的印象也會深刻些。當然，這種朋友不可能指望幫你什麼大忙，因為你們沒有進一步的交情，但幫小忙，為你解決一些小問題應該不會有太大的問題。

但也應知道，這些朋友有的會成為你的至交，有的也會中斷。交朋友固然不必勉強自己和對方，但不妨採取更有彈性的做法，不投緣的也不必「拒絕往來」，而把他們通通納入你的「朋友檔案」。

有人用電腦建立朋友檔案，有人用筆記本，有人則用名片簿，這些方法各有長處，不管用什麼方法，有幾點必須請大家記住。把你全部朋友的資料建立起來，對他們的專長也應

朋友之間往往會因為友誼而有些不知分寸，如果傷了面子，志同道合的朋友也會反目成仇。

「對不起」讓強者低頭

有詳細的紀錄。他們的住所、工作有變動時，也應在你的資料上修正，以免有必要時找不到人，而要瞭解變動情形，則有賴於你平時和他們的聯繫。

「朋友檔案」的建立其實很簡單。

首先，把你在學校時的同學資料整理出來，並做成記錄。畢業數年後，你的同學會分散在各種不同的行業，有的可能成為其中佼佼者。當你需要時，憑著同學的關係，相信他們會給你某種程度的幫忙。這種同學關係，還可從大學向下延伸到高中、初中、小學。如能詳細掌握，這將是一筆相當大的資源。當然，要建立起這些同學關係檔案，你非得時常參加同學會，並且隨時注意同學動態。

同學和朋友的資料是最不可疏忽的，你還可以記下他們的生日。如果你不嫌麻煩，在他們生日時寫上一張生日賀卡，或請吃個便飯，保證你們的關係突飛猛進，這些關係如果能妥善維持，就算他們一時幫不上你的忙，也會介紹他們的朋友來助你一臂之力。

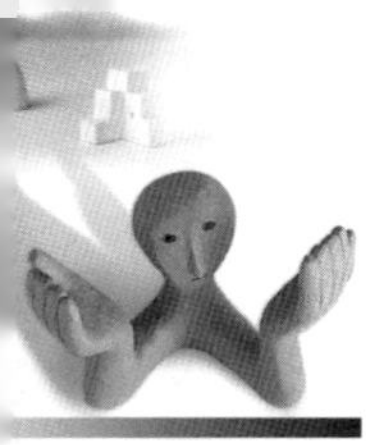

「對不起」這三個字看來簡單，可是它的效用，卻非別的字眼所能比擬。可以說，這三個字，能使強者低頭，能使怒者消氣。可是，有多少人知道它的效用，懂得充分利用它呢？

在車上誤踩了旁人一下，說聲「對不起！」被踩的人自然不計較什麼了。人的心理是這樣，對於許多事情皆可原諒。若他已經吃虧，你還不承認你的過失，好像他的吃虧是咎由自取似的，那麼他就無法原諒你。

客氣和謙虛，是獲得友誼的唯一方法。消弭惡感，避免傷害對方的感情，聰明的方法是自己要謙遜一點。自己有過失的時候立刻道歉，別人便會原諒你，有過而不認，就難怪對方生氣。常見許多口角變成打架，或因一兩句話就釀成命案的，多由此起。

「對不起」三字，意思無非是讓別人佔上風，你讓他佔上風了，還能有什麼更大的要求呢？息事寧人，莫善於此。欲與夫妻不失和，朋友不交惡，這三字真是預防的靈藥。古人教人要「夫妻相敬如賓」，對人要「恭敬謙和」，也無非叫你多說幾聲「對不起」而已。

當你在戲院裡經過別人座位時，先說聲「對不起」，那麼讓路過的人一定不會把眉梢皺起。如果你招呼你的顧客時多說兩聲「對不起」，那交易也常會成功。

當然，我們必須注意的是：說話一定要出自真誠，須有一顆善良的心，這句話才會發生奇效，若你專以此為手段來達到目的，以為橫一句「對不起」，豎一句「對不起」，便可以為所欲為，那就大錯特錯了。

把握朋友間的距離

(1)距離產生美

交友是人生一大樂趣，一旦遇到知己，便想彼此感情越來越好。願望是好的，但做法不足取。道家「雞犬之聲相聞，老死不相往來」這種「小國寡民」想法是一種極端的疏，不可取，但也不宜過分親密，到了不分你我的親近程度。凡過分親密必生摩擦，出矛盾，於是出言不遜，棍棒相加，你長我短，揭老底，戳痛點，雞犬不寧。調查一下鄰里關係不和諧的人家，你會發現他們大都曾經有過親密無間的往來史。所以朋友之間相處，特別是好朋友之間也需要掌握好分寸、火候，若即若離，不失為一種和諧之交。

> 朋友之間往往會因為友誼而有些不知分寸，如果傷了面子，志同道合的朋友也會反目成仇。

「君子之交淡如水，小人之交甜如蜜」，這是莊子在論述交友之道時說的一句話。這句話的意思是，交朋友要保持水一般的細水長流滋味。如何理解這句話呢？就是說朋友之間的關係不可太過密切，比如你有事去找朋友，到朋友門前時，恰好聽到裡面有人在和朋友交談，這時你該怎麼辦？有人會想，既然是朋友，乾脆推門進去就是了。其實不然，雖然是朋友，但你冒昧而入，打攪了人家談話，其結果通常是不好的。因此，你應該悄悄離去，另外再找合適的機會。或者去朋友家拜訪之前先打個電話約好時間，而不能認為是朋友就可以隨時登門。如果能做到這一點，你們的朋友關係一定很牢固持久。

與「君子」相對立的是「小人」。莊子指出：「小人之交甜如蜜」。這是講人與人之間的交往，倘若像甘飴一般地粘住對方，開始交往時一定很好，時間久了關係就會疏遠。因此，交朋友時要保持一定的距離，給自己同時也給對方，留下回味的餘地。

《菜根譚》的作者洪自誠在論交友時也說：「交友須帶三分俠氣。」俠氣須壓制三分，即與朋友相處，需要保持適當距離，不要過分地親密，這與莊子所說的「君子之交淡如水」相似。俠氣如果發揮到了八分、十分的地步，往往容易造成兩敗俱傷，如此友誼便無法永久持續。

朋友之間，在非原則問題上應謙和禮讓，寬厚仁慈，多點兒糊塗，但在大是大非面前，則應保持清醒，不能一團和氣。見不善不義之舉應阻之正之，如力不至此，亦應做到不助之。如果明明知道人在行不義不善之事，卻因他是長輩、上司、朋友，即默而容之，這就是一種很自私的趨避。有時候，立定了腳跟做人，的確是會冒風險的，也可能會受到暫時的委屈，受到別人的不諒解，但是這種公正的品德，最終會贏得人們的尊敬。

(2)不能過分依賴朋友

在生活中，你隨時可以看到孩子反抗父母的現象，這是父母企圖控制他的全部生活。同時你也可以看到，有的父母為不能走出自己懷抱的孩子發愁。

朋友之間也存在著這種現象，但很少有人願意承認。沒有人對你明說，你是某種意義的控制者或依賴者，你希望這些不屬於友誼的範疇，只不過是習慣罷了，但它卻影響著你與朋友的關係。如果你擺出控制者或依賴者的架勢，你就不可能體會友誼的真正含義，你也不會是一位真正的朋友。

健全的和不健全的朋友之間有一條細微的幾乎模糊不清的界限，有些人與朋友的關係惡化，令人失望或極其令人不滿，他們往往無法區分健全的和不健全的友誼。

其實，要區分這兩種友誼並不是件十分困難的事情。所謂健全，就是指人們從這種友誼

朋友之間往往會因為友誼而有些不知分寸，如果傷了面子，志同道合的朋友也會反目成仇。

中得到樂趣，雙方平等，互相幫助，有來有往。所謂不健全，是指雙方的關係不平衡，一方總是依賴於另一方，唯他（她）是從，一方總想控制另一方，一切以自己的意願辦事。

小美坐在客廳裡，緊握著拳頭氣憤地說：「我永遠也改變不了她，我一錯再錯！」小美所指的她，是一次又一次地成功勸她做這做那的朋友嘉莉。這一回，她又聽了嘉莉的意見，把她的廚房糊上一層最新款的紅白條壁紙。「我們一塊去商店選中了這種壁紙，因為嘉莉喜歡這一種，說這壁紙能使整個房間亮起來。我聽了她的話，而現在，是我在這個蠟燭條式的牢房裡做飯。我討厭它！」「我怎麼也不習慣，這一折騰，既浪費了錢，又一時無法改變。」

小美意識到自己不僅是對選壁紙一事憤怒，而更主要的是氣憤自己又受了嘉莉意志的擺佈，嘉莉認為她的廚房黑暗，給人憂鬱感，而壁紙能使它亮起來。同樣也是嘉莉，說小美的兒子太胖了，勸她叫兒子節食。她還說她的房子太小，使她為此又花了一筆錢。起初，她認為嘉莉在許多方面都是專家，就像孩子崇拜父母一樣崇拜她。

小美意識到自己的問題主要是感到不愉快，她懷疑自己的憂鬱症來自朋友。逐漸地，她發現是嘉莉造成的。

其實小美問題的關鍵在於沒有學會尊重自己的意見。過去她的意見總要事先受到嘉莉的審查或者某個類似嘉莉的人物的審查。後來她有了進步，儘管嘉莉說高跟鞋「跟太高，價也太貴」，她還是買了，「因為我喜歡，你可以想像當時嘉莉的臉色多難看！」最有趣的是，最後嘉莉自己也買了一雙同樣的鞋，因為款式很時髦。

小美現在所做的調整只是與另一個女人的關係的界限，她仍然把嘉莉當做好朋友。中斷友情或逃避現實都不能解決她的問題，因為還會有別的嘉莉，她還必須跟她們處理好關係。她還需要經過幾個階段的努力，才能完全擺脫嘉莉式的控制，她們才能成為平等的真心朋友。

並不是每個人都有類似的朋友，在特殊的情況下，有的人願意受朋友控制，是因為他缺乏主見，產生了對朋友的依賴，而過分的依賴會讓朋友產生厭煩感。

蘇珊是位年輕婦女，她願意讓一位朋友擺佈她的生活。與小美不同的是，小美不是主動要求受擺佈，而蘇珊卻是主動要求受控制。當她的垃圾處理裝置出毛病後，她給好朋友阿莉打電話，問她怎麼辦。訂閱的雜誌期滿後，她也去問阿莉是否再繼續訂。有時她不知晚飯該吃什麼時，也給阿莉掛電話問她的意見。阿莉一直像個稱職的母親一樣，直到有一天出了亂

子，那天阿莉的兒子摔了跤，胳膊上受了傷，需要縫針。由於非常疲倦，阿莉嚴厲地說道：「天啦！看在上帝的分上，蘇珊，你就不能自己想想辦法？就這一次！」說完就掛了電話。

蘇珊對阿莉的拒絕感到迷惑不解，她說：「我還以為阿莉是我的朋友呢。」

如果連很小的問題你也要聽朋友的意見的話，那你就是剛學走路的小孩子，不過如果能認識到這個誤區，你成熟得就會快些。

(3)不要苛責朋友

有的人對朋友有依賴感，經常聽取朋友的意見，把朋友的建議作為行動的催化劑，但事後又把責任歸罪於這個無辜的建議者，這種情況，有時竟達到荒唐的地步。

有這樣一個例子，有個人寫了一部小說，請幾位朋友看了之後並希望他們提意見。他總是認真考慮這些建議是否重要，有無價值之後才採納。他有一位在出版社工作的朋友好心地告訴他，說他應該聘一位出版代理人，說這是推銷他的書的最好辦法。他採納了這個朋友的意見，很快地列出一系列代理人的名單。幾個月中，他拿著手稿逐一去找這些代理人，而不去找圖書出版商。每次代理人總是讀了他的作品以後說不行，又把稿子退給他。這樣往返多次後，他發現這些人根本就沒把他這樣的新作者放在眼裡。他責備那個給他建議的朋友，說他故意害他，讓他徒勞一場，浪費了時間，卻絲毫不從自己身上找原因，從不想想自己作品的品質是否合格。

常識告訴我們，如果我們願意採納別人的意見，就應該對自己的行為負責。即使對方的意見有錯，也不應責備對方。實際上，如果我們不允許，朋友根本無法控制或者破壞我們的生活，掌握自己命運的是我們自己而不是別人。

(4)「朋友」也不可輕信

經濟活動的擴大，社會交往的增多，個人活動的擴大，使「朋友」在當代不能不走俏。俗語說：「多個朋友多條路」，其實「朋友」不僅是「路」，是資訊，是聲勢，是捧月眾星，是成交的鵲橋，是躲難的法寶。但有時也是一劑足以讓你失去判斷力的迷藥。

「朋友」在中國傳統中是兩彎相映的明月組合，講究一個肝膽相照，義字當先，可惜當今正在為一個「利」字浸泡。如今，有些「朋友」確實像一些按摩情感的騙子和強盜！君不見，朋友間合夥開店，集資開工廠，有幾個不是虧則扯皮拉筋，賺則打鬥紅眼的？一個眾人爭當淘金客的時代，一個個體意識代替集體意識，存在意識代替理想意識，金錢意識代替事業意識的年月，梁山泊之大秤分金、大塊吃肉、大碗喝酒之遺風能不擱淺？

因此，告誡大家：在生意場上交朋友，一定要提高警惕，擦亮眼睛，謹防上當受騙！

朋友之情是個軟綿綿的玩意，有彈性，有迴旋之利，因此時常被一些不懷好意的人所利用，才使社會上出現了這樣令人心冷的局面：友情隱藏著商情，友道蛻變為畏途，友誼沉浸於利害，友好則難度白頭。俗話說，生意場上無父子。這句話之所以流傳多年，時至今日仍在教誨我輩，就因為國人很難做到這點。畢竟中國人的血管裡流淌著東方人的親情之血，在「義」與「利」的衝突中，往往是理智的「利」，讓位給感情的「義」。所以，在與朋友交往時，也應小心從事，不可輕信。

給貪圖小利的人一點面子

現實生活中，不管是誰，都喜歡和那些豪爽熱情、慷慨大方的人交往，而不願意同貪小利者打交道。這種心理無可非議。然而，即使是這樣做，也存在一些問題。對自己縮小了交際圈；對貪小利者則陷入「孤獨一枝」，對工作、對事業彼此都不利。

社會心理學家告訴我們，一個人的行動與動機，並非完全是一對一的，它們之間存在著錯綜複雜的關係。同一動機可以有不同的行為；同一行為亦可以有不同動機。「貪小利」是行為表現，並不一定完全是渾身沾滿銅臭的利己反映；即使是利己主義者，亦非不可救藥者，況且各人表現程度也不盡相同。一般說來，貪小利者有兩種：一種是受生活習慣所影響；另一種是受生活觀念所支配。因此，與不同心理狀態的貪小利者相處，就應持不同的態度，用不同的鑰匙去打開他們的「心鎖」。

一些人貪小利的毛病是受社會環境（尤其是家庭環境）的影響，而形成的一種生活習慣。這種人往往缺乏遠大的理想，胸無點墨，生活作風隨便，自尊要求低，得過且過，不求上進。這種人，一般心地不壞，而且性格內向，毫無隱諱，容易深入瞭解。

同這種貪小利者打交道，要注意正面引導，引導他們在學習上和工作上下功夫，以提高其理想層次。理想層次提高了，自尊的要求就會隨之增長，貪小利的毛病就會相對地得到克

服。對這類人貪小利的毛病，萬不可姑息。對他們的姑息，只會加重這種不良生活習慣。另外，也不可對他們進行諷刺挖苦，因為諷刺挖苦會影響其自尊需要的提高。

還有一種貪小利的人，他們的行為是受一定意識形態支配的，其貪小利行為反映著生活觀念。這種人，往往具有比較特殊的生活閱歷，可能是在生活中受過磨難，導致生活觀常常表現為以「自我」為中心。

同這類貪小利者打交道，採取一般化的說理方法，是無法解決其觀念形態問題的，只有真誠地與之相處，用自己的寬大胸懷去感化他們。在工作、學習、生活中，真誠地、無微不至地去幫助他們，使他們在自己的行動中得到感化。比如，外出時，熱情地拉著他，坐車、吃飯、看電影、逛公園、照相，而且對他從不表現出不滿與鄙視。平時，又總是講一些他所欽佩的人的寬宏大度、不計個人得失的事例，使他逐漸地意識到自己的不足。

貪小利不管出自哪一種心理狀態，冰凍三尺，非一日之寒，要他們一下改掉是不可能，只能潛移默化，而且允許出現反複。如果一個人去感化猶嫌力量不足，可動員一些和他要好的朋友來共同感化他。當貪小利者真正理解了你一顆真誠的心後，他是會永遠感激你的，由此所建立起來的友誼，也一定是純潔而牢固的。

給虛偽高傲的人一點面子

虛偽高傲的人總是追求片刻的榮耀，而沒有其他渴求。自己高傲自大、擺架子，也無非是想將「自我」提高起來。那麼只要我們成全他那可憐的虛榮心，即使他得到的是失敗，他也不會認為是多麼了不起的事。如果這種愛虛榮的觀念一旦在他的腦海裡根深蒂固，他那種渴求人家頌揚的心理簡直是迫不及待，只要有人對他頌揚和諂媚，對他來講簡直是不能抵抗的。

這種人因過分的注重珍視虛榮，養成了一種十分幼稚的習慣。內心既然有過分的虛榮，外部就難免誇大吹噓，其結果必然很糟。因為他在誇耀自己的同時，必然表露和證明了他的種種特殊的弱點。

美國的鋼鐵與煤炭大王佛立克在他早年時期便能掃清障礙，走入坦途，是因為他不僅勤勞吃苦，而且又善於取勝虛偽高傲的人。

佛立克出生於一個偏僻的小鄉村，最初在一個小店裡當店員，以求溫飽。隨後在馬克倫和伽里色大商場做店員，每月收入也很少。當時他工作的地方共有二十多個店員，個個努力工作，拼命競爭，而佛立克是其中最後一個進店的店員。不久以後他在店員名冊上居然名列

前矛了。這本來就令人刮目相看了，但更令人驚訝的是，他與所有在各方面都不如他的人都有著相當好的友情，別人對他都抱以好感。

在佛立克尚未步出眾人行列之前，有位叫做柏賴爾的店員，頗得人們的讚許。不但被認為是「優秀店員」，並且他還享有「服務於ＶＩＰ的權利」。對於這些，其他店員只有拱手相讓。當時，佛立克想攻擊和擊倒的便是這種特殊的店員和這種特殊店員的特殊權利。不過，佛立克並沒有想到以敵意去對付他。他先把柏賴爾認認真真地品評一番，知道柏賴爾富於虛榮心，而且傲氣十足，自以為是。佛立克斷定柏賴爾所企盼的只是讓人知道他如何了不起，他認為這是一種既簡單又容易滿足的企求。針對柏賴爾的這一性情，佛立克輕而易舉地制勝了他。

雖然佛立克的取勝使柏賴爾感到悲酸苦澀，有些時候很是不自在，但他卻能體會到柏賴爾的感受。佛立克施以圓滑溫和的手段，不久便攏絡了全體店員，博得了他們的愛戴。從中我們可以看到他的處世為人是多麼老道、成熟。

我們對於虛偽高傲的人，應將他各方面的表現綜合起來，一一加以品評、判斷，以明瞭他的真實情況。這樣做很有益處。一方面可以免除我們的失望，另一方面也省得他人的不良動機得逞，妨礙我們的事業。這種類型的人有些是很有發展前途的，只是由於種種原因使他們自覺不如人，相反地表現出一種驕傲的心理思維與活動。

聖路易斯大百貨商店的總經理就利用一種巧妙的辦法挽救了一名即將被革職的年輕人。這位年輕人常與顧客及同事作對，部門經理準備辭掉他。聖路易斯商店的總經理威津遜知道這個青年與其他僱員不太一樣，別人都不太喜歡他、不願與他共班。但威津遜發現他「渴求上進」。於是威津遜就想法去幫助他、挽救他。一天晚上，威津遜走到絲綢部，那兒有一大堆存貨，他便告訴他如何將這批貨上架、佈置，同時還向這位青年講了一些關於店員應該具備的條件、素質及才能和技術等方面的事。威津遜說：「我想讓他知道我是信任他的。」

第二天上班後，威津遜又來到他的櫃檯前，讓部門經理對他佈置的靈巧加以讚賞，並給予一些勉勵的話語。後來威津遜說：「這點小小的指導，對他將來的發展確實起了很大的作用。」這位青年有了做好工作的自信心，工作也出色多了，與顧客及同事的關係也變得融洽了。從此，別人對他的印象起了大轉變，使他更加增添了勇氣。不久以後，這位原先準備被辭退的青年當上了該部門的領班。原來，威津遜早已知道了這個店員的癥結所在，他為人不和、與人作對，是因為他自以為不如人，於是便裝著高傲，來滿足自己顯得空蕩蕩的心理。

從這個例子中我們可以瞭解到，對待這類人，補救的方法是什麼呢？那就是相信他，對

他表示信賴，並在適當的場合給他一點取勝的機會，讓他把自己的自信心建立起來，並養成一個好習慣，以代替那種為滿足自己虛榮心而表現出來的盛氣凌人的傲慢態度。大凡高傲自負的人，一般都有一顆纖細的心。因此，他們需要補償。

此外，還有一種自負的人，那就是傲慢驕縱。他無論到什麼地方，總以為「人不如我」。這種人自以為其他人都不如自己。這種人將他的驕氣潛藏在虛偽和謙和之中。那麼，怎樣對付這樣的人呢？有位名家說得好：「有許多人，讚美他不免是件危險的事，因他自命不凡，一經抬高，他就要跌得粉碎。狠狠地揍他一頓，也許是良策益方。」

細節決定成敗

「大事由小事入手」，這話沒有說錯。當我們要處理一件事情時，就必須從微細的地方做起。而一般人常常會犯的毛病，就是只會顧大事，而忽略了看似無關卻是有關的小事，結果便直接影響到大事情的發展。

朋友之間往往會因為友誼而有些不知分寸，如果傷了面子，志同道合的朋友也會反目成仇。

我們待人接物，應顧及微小的禮節，這並非叫你去用卑下諂媚的手法去博取他人的歡心，而是你自己應對別人尊敬有禮。

譬如你跟一位朋友談話，即使你當時覺得對方發表的意見是絕對無理或有錯誤，你也不應該不顧全別人的面子而即時加以駁斥。假如這件事情不大相干的話，你應該忍耐一點，要尊重對方，甚至鼓勵對方發表自己的意見。

對方說話時，你也不妨讚賞他幾句，這並不是給他戴高帽子，而是每一個人都有希望別人讚美自己的心理。談話時，你不妨施用你的「小點子」來迎合對方，例如這位朋友喜歡跳舞，那你不妨談一點「跳舞經」。切勿談及對方不喜歡的話題。這是在對話時應注意的重要小禮節。

又當你請一位朋友回家吃飯時，傭人不小心把菜燒焦了，或不小心打壞了東西，那你不應該立即加以責罵，同時亦不用頻頻向對方表示歉意。你要知道這會使對方尷尬而感到侷促不安的。

當你的朋友吸煙時，煙霧可能彌漫全室，這時，你不應該立即打開窗，而應以婉轉的詞句，例如說天氣悶熱、空氣不佳等，然後才漫不經心地打開窗子。這樣，既不會令別人太難

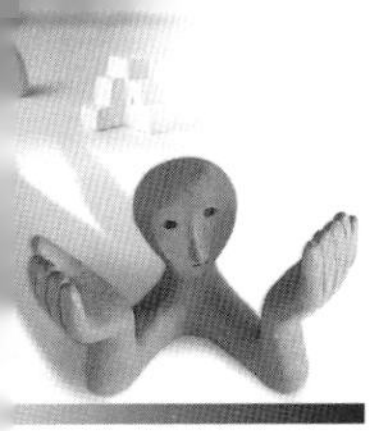

為情，而你自己也做到見機行事的禮節，這不是一舉兩得嗎？

記著：在家接待客人，大禮節反而無須過分認真，要使對方感到好像在他自己家裡一樣。當吃東西時，別人吃少吃多，是有他自己一套的，不好勉強別人。否則，反而使別人不好意思，有渾身不自在的感覺。

不可不慎的面子問題

第二章・說「不」的技巧

我們往往很難拒絕別人，因為害怕自己的拒絕會傷害到對方。因為這種擔心，弄得我們自己不堪其累，輕輕鬆鬆地把「不」字說出口，是我們每一個人的願望。

學會拒絕能避免麻煩

俄國十月革命前的某一天，植物育種家米丘林正在植物園裡工作。忽然，他家裡的人跑來說：「有位市長先生想要見見您。」米丘林頭也不抬，仍在工作。家裡人又大聲地重複了一遍剛才的話。米丘林擺擺手，接近米丘林的人都知道，他是一個非常珍惜時間的人。在他眼裡，一分一秒都是寶貴的。他常常把工具隨時放在身邊，為的是需要的時候不必到處找，節省時間；他的手杖上有皮尺，為的是散步時也能測量樹木的高矮，一物多用，節省時間。「您知道，這可是一位市長……」家裡人強調說。「我一分鐘都不願意白白度過！」說完，米丘林又忙著去修理一棵果樹了。

也許米丘林的「處世方式」值得商榷，但他珍惜時間的想法是非常值得借鏡的。而生活中有許多整天「瞎忙」的人，就是因為不懂得自己有權「拒絕別人」，不知道該如何說「不」。

英國作家毛姆在小說《啼笑皆非》中講過這麼一段耐人尋味的故事：一位小人物一夕成為名作家，新朋老友紛紛向他道賀，成名前的門可羅雀和成名後的門庭若市形成了鮮明的對比。

毛姆為我們描寫了這樣一個場面：

一位早已疏遠的老朋友找上門來，向你道賀，怎麼辦呢？是接待他還是不接待他？按照本意，自己實在無心見他，因為一無共同語言，二來浪費時間；可是人家好心好意來看你，閉門不見似乎說不過去；於是只好見他了。見面後，對方又非得邀請你改日到他家去吃飯。儘管你內心一百個不樂意，但盛情難卻，你不得不佯裝愉悅地應允了。在飯桌上，儘管你沒有念舊之情，可是又怕冷場，於是又得強迫自己無話找話。這種窘迫可想而知……。來而不往非禮也，雖然你不再願意同這位朋友打交道，但你還是不得不提出要回請朋友一頓。你還得苦心盤算：究竟請這位朋友到哪家飯店合適呢？去第一流的大飯店吧，你擔心你的朋友會疑心你是要在他面前擺闊；找個二流的吧，你又擔心朋友會覺得你過於吝嗇……。

學會拒絕別人，可以節省大量的時間，避免許多不必要的麻煩。

誠然，與人交往和幫助別人是重要的。尤其是主動的幫忙更會受到歡迎。但是，如果您是被某種心理的壓力所迫，對一切都點頭答應，實際上是在屈服於另一種性質的某些動機。例如需要得到別人接受或讚揚，害怕給別人帶來不快和麻煩，希望別人對您感恩，有朝一日得到報答等等。懂得珍惜時間，就應該學會說「不」。這裡有必要提醒大家：當自己不是心

甘情願時，別害怕講「不」字。那麼在什麼場合應該說「不」呢？現舉出幾例：

(1)當別人所期待的幫助是完全出於只考慮他個人利益的時候

假如一個朋友打算請您深夜開車送他到機場。而你確信他可以自己叫計程車去，而如果你去送他，不但影響一夜睡眠，還會影響次日安排，你就要考慮拒絕。當然，如果他是順路想搭你的車，只是要你等他幾分鐘的話，你就應盡力幫忙。

(2)當有人試圖要您代替完成其份內工作時

偶爾為別人替一、兩次班關係不大，但如果形成習慣，別人就會對你產生依賴性，變成你義不容辭的義務。

(3)你準備晚上寫點東西或做點家務，朋友卻邀請你去打牌，如果是千里之外的朋友偶然來訪當然另當別論

當然生活中的類似場合遠不止列出的這些，總之，只要考慮到可能給自己帶來某些不方便，就要考慮說「不」，除非因此會給別人帶來更大的麻煩。

也許你會說：我何嘗不想拒絕，但該怎樣拒絕呢？以下有幾個建議：

1. **立即回覆，不要使對方對你抱有希望：**要打消為避免直接拒絕而尋找脫身之計的念頭。

請不要說：「我再想想看」，或「我看到時候行不行」等等的話。而是要明確地告訴對方：「實在抱歉，這是不行的。」

2.如果您想避免生硬的拒絕，就提出一個反建議：假如朋友打電話問道：「今天晚上去跳舞吧！」若你不想去，就可以說：「哎呀，今天不行，改日我再找你一起去吧。」

3.不要以為每次都有必要說明理由：在很多時候，你只要簡單地說一句：「我實在有更要緊的事要做。」就可得到絕大多數人的諒解。

只要我們充分認識到過多參與不必要應酬的危害，知道自己在什麼情況下該拒絕別人，並且在拒絕的時候採取正確的方法，我們就能節省大量的時間，而且不至於因此發生人際關係方面的問題。

我們往往很難拒絕別人，輕輕鬆鬆地把「不」字說出口，是我們每一個人的願望。

拒絕別人需要講究策略

對於他人的話，人們總是會表現出情感反應。如果已經先說了讓人高興的話，即使馬上接著說出會使人生氣的話，對方也能以欣然的表情繼續聽。利用這種方法，是可以化解不喜歡的情況發生。

面對不喜歡的對象，要出其不意地點他一下，以便打退對方。若缺乏機會，則要製造機會，先使對方興高采烈，然後趁對方缺乏心理準備，臉上仍在笑嘻嘻時，找到藉口及時退出，達到拒絕的目的。

一位名叫金六郎的青年去拜訪本田宗一郎，打算將一塊地賣給他。本田宗一郎很認真地聽著金六郎的講話，只是暫時沒有發言。

本田宗一郎聽完金六郎的陳述後，並沒有作出「買」或者「不買」的直接回答。而是在桌子上拿起一些類似纖維的東西給金六郎看，並說：「你知道這是什麼東西嗎？」

「不知道。」金六郎回答。

「這是一種新發現的材料，我想用它來做本田宗一郎汽車的外殼。」本田宗一郎詳詳細細地向金六郎講述了一遍。

本田宗一郎共講了十五分鐘之多。談論了這種新型汽車製造材料的來歷和好處，又誠誠懇懇地講了他明年汽車擬取何種新的計畫。這些內容使得金六郎摸不著頭腦，但感到十分愉快。在本田宗一郎送走金六郎時，才順便說了一句，他不想買他的那塊地。

如果本田宗一郎一開始就將自己的想法告訴金六郎，金六郎一定會問個究竟，並想盡辦法勸說本田宗一郎，讓他買下這塊地。本田宗一郎不直接言明的理由正是如此，他不想與金六郎為此爭辯什麼。

拒絕對方的提議時，必須採用毫不觸及話題具體內容的抽象說法。

拒絕應採取的態度

1. 先表明態度：有的人對於要拒絕或是接受，在態度上常表現得曖昧不明，而造成對方一種期待。雖然想表示拒絕，卻又講不出口。聽了別人幾句的甜言蜜語，就輕易地承諾下來

的舉動，也是自己態度不明確所造成的。

2. **想辦法緩和對方對「不」的抗拒感：**雖然說「不」或「好」要明白表示，卻也不是叫你毫無顧慮地就表示「要」或「不要」。語氣強硬地說「不行」、「沒辦法」，那是會傷害對方的自尊心，甚至招來對方的怨恨。對別人的要求要洗耳恭聽，對自己不能答應的事要表示抱歉，體諒對方拚命工作的苦心……。這些都是在你回答「不」之前所應思考的。尤其面對要求你的是主管時，說話更要留餘地。

3. **要顧及對方的自尊：**人都是有自尊心的，當有求於人時，往往都帶著惴惴不安的心理，如果一開始就說「不行」，勢必會傷害對方的自尊心，使對方不安的心理急劇加速，失去平衡，引起強烈的反感，而產生不良後果。因此，不宜一開口就說「不行」，應該尊重對方的願望，先說諸如關心同情的話，然後再講清楚實際情況，說明無法接受要求的理由。由於先說了那些讓人聽了產生共鳴的話，對方才能相信你所陳述的情況是真實的，相信你的拒絕是出於無奈，因而是可以理解的。

當選擇拒絕別人時，不但要考慮到對方可能產生的反應，還要注意準確恰當地措辭。比如你拒絕聘請某人時，如果一一細數指出他的缺點，這樣會十分傷害他的自尊心。倒可以先稱讚他的優點，然後再指出缺點，說明不得不這樣處置的理由，對方也能更容易接受，甚至感激你。

4. **降低對方對你的期望：**舉凡來求你辦事的人，都是相信你能解決這個問題，抱有很高的期望值。一般地說，對你抱持的期望越高，往往越是難以拒絕。在拒絕要求時，倘若多講自己的長處，或過分誇耀自己，就會在無意中提高了對方的期望，增大了拒絕的難度。如果適當地講一講自己的短處，就降低了對方的期望，在此基礎上，抓住適當的機會多講別人的長處，就能把對方求助目標自然地轉移過去。這樣不僅可以達到拒絕的目的，而且使被拒絕者得到一個更好的歸宿，由意外的成功所產生的愉快和欣慰心情，取代了原有的失望與煩惱。

5. **儘量使你的話語溫柔緩和：**當你想拒絕對方時，可以連連發出敬語，使對方產生「可能被拒絕」的預感，形成對方對於「不」的心理準備。談判中拒絕對方，一定要講究策略。婉轉地拒絕，對方會心服口服；如果直截了當地拒絕，對方則會產生不滿，甚至懷恨、仇視你。所以，一定要記住，拒絕對方，儘量不要傷害到對方的自尊心。要讓對方明白，你的拒絕是出於不得已，並且感到很抱歉遺憾。儘量使你的拒絕溫柔而緩和。

6.讓對方明白自己的處境：一般來說，一個人有事請求別人幫忙時，總是希望別人能滿足自己的要求，卻往往不考慮給他人帶來的麻煩和風險。如果實事求是地講清利害關係和可能產生的不良後果，把對方也拉進來，共同承擔風險，讓對方設身處地去判斷，這樣會使提出要求的人望而止步，放棄自己的要求。由於要一起共同承擔可能出現的風險，對方就能由多站在他人的立場去想問題，去體諒別人的難處。

在人際交往中，只要還有一線希望可以達到目的，誰也不願意輕易地接受拒絕，歸咎其原因是完美心理在起作用。在拒絕別人的要求時，當鐵一樣的事實擺在眼前，無論怎樣堅持意見的人，也不能不放棄自己的要求。

7.自己的態度一定要真誠：拒絕總是令人不快的。「委婉」的目的也無非是為了要減輕雙方、特別是對方的心理負擔，並非玩弄「技巧」來捉弄對方。特別是主管、師長拒絕部屬、晚輩的要求，更是不能盛氣淩人，而是要以同情的態度，關切的口吻講述理由，令他們心服。在結束交談時，要熱情握手，熱情相送，表示歉意。一次成功的拒絕，也可能為將來的重新握手、更深層次的交際播下希望的種子。

說「不」的方法

1. 在別人提出要求前做好說「不」的準備： 那些在別人不論提出多不合理的要求時很難說「不」的人，通常是由於以下一種或幾種原因：

① 對自己的判斷力缺乏自信，不知道什麼是應該做的，什麼是別人不該期望自己做的。

② 渴望讓別人喜歡，但卻又擔心拒絕別人的請求會讓人把自己看扁了。

③ 對自己能成功地負起多少的責任認識不清。

④ 具有完善的道德標準。他們會為「拒絕幫助」別人而感到罪過。

⑤ 覺得自己低人一等，因而把別人看成是能控制自己的「權威人士」。

然而，不論出於何種理由，這些不敢說「不」的人通常承認自己受感情所支配，不管過去的經歷如何，他們從未在別人提出要求時有一個準備好的答覆。

假如發現自己的拒絕是完全公平合理之時都很難啟齒說「不」，那麼請用以下這些方法幫助你自己：

① 在別人可能向你提出不能接受的要求之前作好準備。

② 把你的答覆預先練習一遍，準備三到四種可使用的句子（例如：「對不起，我這幾天對

此只能說『不』」；『對不起，我現在正忙得人仰馬翻呢。』）對自己大聲練習幾遍。

③當你說「不」時，別編造藉口。如果你有理由拒絕而且想把理由告訴別人，是很好的。要簡潔明瞭，一語中的。但你不必硬找理由，因為你有充分的權力說「不」。

④在說出「不」之後要堅持，如果你舉棋不定，別人會認為可以說服你改變主意。

⑤在說出「不」之後千萬別有罪惡感。

2.用沉默表示「不」：當別人問：「你喜歡亞蘭德倫嗎？」其實你心裡並不喜歡，這時，你可以不表態，或者一笑置之，別人就會明白。一位不大熟識的朋友邀請你參加晚會，送來邀請函，你可以不予回應。這樣的態度就說明了你不願參加這樣的活動。

3.用拖延表示「不」：一位女性友人想和你約會。她在電話裡問你：「今天晚上八點鐘去跳舞，好嗎？」你可以回答：「明天再約吧，到時候我再打電話給妳。」你的同事約你星期天去釣魚，你不想去，可以這樣回答：「其實我是個釣魚迷，可自從結了婚，星期天就被妻子沒收啦！」

4.用推託表示「不」：一位客人請求你替他換房間，你可以說：「對不起，這得經過值班經理決定，他現在不在。」。你和妻子一塊上街，妻子看到一件漂亮的洋裝很想買，你可以拍拍口袋：「糟糕，我忘了帶錢包。」有人想找你談話，你看看手錶：「對不起，我還要參加一個會議，改天行嗎？」

5.用迴避表示「不」：和朋友去看了一部拙劣的武打片，走出電影院後，朋友問：「你覺得這部片子怎麼樣？」你可以回答：「我更喜歡抒情點的片子。」

6.用反詰表示「不」：你和別人一起談論國家大事。當對方問：「你是否認為物價上漲過快呢？」你可以回答：「那你認為上漲太慢了嗎？」

7.用客氣表示「不」：當別人送禮品給你，而又是在不能接受的情況下，你可以客氣地回絕：一是說客氣話；二是表示受寵若驚，不敢接受；三是強調對方留著它會有更多的用途等。

8.用外交辭令說「不」：外交官們在遇到他們不想回答或不願回答的問題時，總是用一句話來搪塞：「無可奉告」。生活中，當我們暫時無法說「是與不是」時，也可用這句話。還有一句可以用作搪塞：「天知道？」「事實會告訴你的。」「這個嘛……難說。」等等。

9.以友好、熱情的方式說「不」：有位作家想與某教授交朋友。作家熱情地說：「今晚我請

你一起共進晚餐，你有空嗎？」不巧教授正忙於準備學術報告會的講稿，實在抽不出時間。於是，他笑了笑，語帶歉意地說：「對於您的邀請，我感到非常榮幸，可是我正忙於準備講稿，實在無法脫身，十分抱歉！」他的拒絕是有禮貌而且愉快的，但又是那麼乾脆。

10. **避免只針對對方一人：**某造紙廠的業務員到公司推銷紙張。業務員找到他熟悉的這個公司的採購主管，懇請他訂貨。採購主管彬彬有禮地說：「實在對不起、我們公司已與某造紙廠簽訂了長期訂購合約，公司規定再不向其他任何公司購買紙張了，我也應按照規定辦。」因為採購主管講的是任何其他公司，就不是僅僅針對這個造紙廠了。

當我們羞於說「不」的時候，請恰當地運用上述方法吧。但是，在處理重大事務時，就不得有半點含糊，應當明確說「不」。

說「不」的實用技巧

1. **強調自己的困難：**有些求人的人，由於種種原因，不好意思直接開口，喜歡用暗示來投石問路。這時你最好用暗示來拒絕。

兩個打零工的朋友，找到在大公司工作的李先生，訴說打零工的辛苦，又說租房子沒有合適的。言外之意是要跟他借住。李先生聽後馬上暗示說：「是啊，經濟不景氣，要買房子住可是困難啊。就拿我自己來說吧，就這麼兩間小小的房間，要住上三代同堂。所以我那已經上高中的兒子，晚上只得睡沙發。你們大老遠地來看我，不該留你們在我家好好地住上幾天嗎？我也想啊，可是可能沒辦法啊！」兩位老朋友後，就非常知趣地走開了。

2. **用「習俗」為藉口：**一位小姐因公出差，在火車上與一位看起來挺有涵養的先生坐在一起。這位男士主動和她搭訕，小姐覺得一個人乾坐著也挺乏味的，於是就和他談了起來。一開始時這位先生還算規矩，和小姐只是談談乘車的感受以及聊聊對當今社會上一些不合理現象的看法。可不知怎的，談著談著，這位男士竟然話題一轉，問了周小姐一句：「妳結婚了嗎？」

顯然，這個問題可能別有用心，所以小姐有些不高興，但她態度平和地對那位男士說：

「先生，我聽人說過這樣一句話，前半句是『對男人不能問收入』，所以我才沒有問你的收入；後半句是『對女人不能問婚否』，所以，你這個問題我是不能回答了！真抱歉。」那位先生聽小姐這麼一說，也覺得有點唐突，尷尬地笑了笑，不再說話了。這位小姐既表達了對對方失禮的不滿，又沒有令對方下不來台，可謂一舉兩得。

3.借他人之口加以拒絕：志豪在電器商場工作。一天，他的一位朋友來店買DVD播放器。看遍了店堂裡陳列的樣品，他都不滿意，要求志豪帶他到倉庫裡去看看。志豪面對朋友，「不」字一直出不了口。於是他笑著說：「前幾天經理剛宣佈過，不准讓任何顧客進倉庫。」儘管志豪的朋友心中不大滿意，但畢竟比直接聽到「不行」的回答減少了幾分不快。

4.藉故拖延：某公司一名職員找到組長要求調換工作性質，組長心裡明白調不了，但他沒有馬上回答說：「不可能。」而是說：「這個問題涉及到好幾個人，我個人決定不了。我會把你的要求帶上去，讓上面的主管討論一下，過幾天再答覆你，好嗎？」

這樣回答可讓對方明白：要調換工作性質不是件簡單的事，存在著兩種可能，使對方想法有所準備，這比當場回絕效果要好得多。

5. 限定苛刻的條件：有位名作家應邀演講，時間排在下午第一堂，又是大熱天，是學生最愛打瞌睡的時候，他一上臺，就聲明說：「在這悶熱的午後，要各位聽我這老頭兒說話，一定會想打瞌睡，我想沒關係，各位可以安心地睡。但是有兩個原則要遵守，一是姿勢要雅，不可趴在桌上；二是不准打呼，以免干擾別人聽講。」語畢，全堂轟然大笑，瞌睡蟲一掃而空。這種雖然同意，其實是禁止的說話藝術，常能發揮勸阻的功效。

6. 先肯定後否定：有時對方提出的要求有一定的合理性，但因條件的限制又無法給予滿足。這種情況下，拒絕言辭要盡可能委婉，予以安慰，使其精神上得到一些滿足，以減少因拒絕產生的不快和失望。在語言表達上可採用「先肯定後否定」的形式，要委婉，要留有餘地。

一家公司的經理對另一家工廠的廠長說：「我們兩家來合併，你覺得怎麼樣？」廠長回答：「這個設想很不錯，只是目前條件還沒有成熟。」這樣既拒絕了對方，又給自己留了後路。

7. 提出另外的建議：有時，對一些明顯不合情理或不妥的做法必須予以拒絕。但為了避免因此引起衝突，或由於某種原因不便明確表示，可採用隱晦曲折的語言向對方暗示，以達到拒絕的目的。請看下面一段對話：

甲：「我們的意圖是使下一次會議能在紐約召開，不知貴國政府意下如何？」

乙：「貴國飯菜的味道不好，特別是我上次去時住的那個旅館更糟糕。」

甲：「那麼您覺得我今天用來招待您的法國小吃味道如何？」

乙：「還算可以，不過我更喜歡吃英國飯菜。」

乙方用「美國飯菜不好」、「法國的飯菜還可以」、「喜歡吃英國的飯菜」，委婉含蓄地拒絕了在美國、法國開會的建議，暗示了希望在英國舉行會議的想法。

8.借用對方的言語：吳佩孚的勢力日漸強大，成為權傾一方的實力人物。一天，他的一位朋友前來投靠他，想在他那兒謀個事做。吳知道那位朋友才能平庸，但礙於情面，還是給他安排了一個閒職。不久那位朋友便嫌棄官微職小，再次請求想當個縣長，要求派往河南。吳佩孚聽了，便在他的申請書上批了「豫民何辜」四個大字，斷絕了他的念頭。誰知過了些時間，那人又請求調任更高的職務，並在申請書上說：「我願率一旅之師，討平兩廣，將來班師凱旋，一定解甲歸田，以種樹自娛。」看到同鄉這樣沒有自知之明，吳佩孚真是又好氣又好笑，於是又提筆批了「先種樹再說」的五個大字。

9.以鼓勵的方式拒絕：某人在屋簷下躲雨，看見一個和尚正撐傘走過。

某人說：「大師，普度一下眾生吧？帶我一程如何？」

和尚說：「我在雨裡，你在簷下，而簷下無雨，你不需要我度。」

某人立刻跳出簷下，站在雨中：「現在我也在雨中了，你該度我了吧？」

和尚說：「我也在雨中，你也在雨中，我不被淋，因為有傘；你被雨淋，因為無傘。所以不是我度你，而是傘度我，你要被雨度，不必找我，請自找傘！」說完便走了。

下面的這個故事和剛才講的故事有異曲同工之妙：

志鵬和俊奇在同一家公司上班，由於工作不愉快，志鵬毅然辭職，自己出外創業，幾年下來居然擁有了一家小公司。

早也就工作不愉快的俊奇打電話給志鵬：「幫幫忙，讓我到你公司混口飯吃吧！」

「你在原公司不是做得好好的嗎？」志鵬說：「你不需要幫忙啊！」

俊奇立刻辭去原來的工作，並再打電話給志鵬：「我現在失業了，你可以收容我了吧？」

「我當初在那裡做得不愉快，出來艱苦創業，才能有今天。」志鵬說：「你應該也努力，去開創自己的事業，怎麼好意思撿個現成的呢？」志鵬並沒有收容俊奇。

上述兩個例子雖然都拒絕了對方的請求，因為本意都在激發對方戰勝困難的勇氣，是在「度」人，不屬於見死不救，雖然有些強詞奪理，還是容易為對方所接受。

10.幽默輕鬆，委婉含蓄：辦事都要講求原則，不符合原則的事堅決不能辦。如果某人向你提出要求，是不符合原則的，就不答應辦，這就叫堅持原則。不能為保持一團和氣而喪失立場，不論什麼樣的關係，該拒絕的一定要拒絕。但同時要講究說話方式的靈活性，根據人際關係的類型和特點，言談交往的內容、場合和時間等等的不同，來採取靈活的策略，這就叫辦事有靈活性，做到原則性和靈活性的統一。講究靈活性，很重要的一點是委婉含蓄。

美國總統富蘭克林・羅斯福在就任總統之前，曾在海軍部擔任要職。有一次，他的一位好朋友向他打聽海軍在加勒比海一個小島上建立潛艇基地的計畫。羅斯福神秘地向四周看了看，壓低聲音問道：「你能保密嗎？」「當然能」。「那麼」，羅斯福微笑地看著他，「我也能」。

富蘭克林·羅斯福採用的是委婉含蓄的拒絕，其語言具有輕鬆幽默的情趣，表現了羅斯福的高超藝術，在朋友面前既堅持了不能洩露的原則立場，又沒有使朋友陷入難堪，取得了極好的語言交際效果。以致於在羅斯福死後多年，這位朋友還能愉快地談及這段總統軼事。相反的，如果羅斯福表情嚴肅、義正辭嚴地加以拒絕，甚至心懷疑慮，認真盤問對方為什麼打聽這個、有什麼目的、受誰指使，豈不是小題大作，有煞風景，其結果必然是兩人之間的友情出現裂痕甚至危機。委婉拒絕是希望對方知難而退。

11.獻可替否，轉移重心：「獻可替否」是一個成語，意思是建議可行的而替代不該做的。當對別人所託之事自己不能幫忙時，應在講明道理之後，幫助想一些別的辦法作為後補方案。因為一般人都有一種補償心理，如果你想的辦法不很理想，但你已經盡力了，對方的情感便得到了滿足，這在一定程度上減少了失望感；如果你的辦法幫助別人圓滿解決了問題，別人也會很滿意。

彥勳和敏雄是一對好朋友。有一天，彥勳來到敏雄的公司請求彥勳幫他為未婚妻報仇。原來彥勳的未婚妻被主任欺侮了，彥勳發誓要為未婚妻報仇，並買了一把鋒利的刀子，要修理那小子，但考慮到主任人高馬大，自己對付不了他，於是請敏雄幫忙。敏雄聽完後，心中很明白，儘管主任不是好東西，應該教訓教訓他，但如果感情用事，教訓了他，那是會觸犯法律的。因此，敏雄決定說服彥勳，他問彥勳：「你愛你的未婚妻嗎？」

「愛，當然愛，不然我就不管這件事兒了。」彥勳回答說。

「這就好，愛一個人不容易，真正愛上一個人，不管她遇上多麼大的不幸，都是不會動搖愛的決心的，相反，還要幫助她從不幸之中解脫出來。如果你感情用事，並不是愛她，而是在害她，她不會為此而感謝你，相反會恨你。壞人總是要受到懲處的，這要靠法律。主任的行為是犯法的。這樣吧，我幫你和你的未婚妻運用法律的手段來處理主任吧，我相信，法律會給你們一個滿意的答案的。」

敏雄聽了彥勳的一番話，打消了復仇的念頭，並最終運用法律懲處了那位主任。

從這個例子中，我們看到彥勳聽了敏雄的請求之後，並沒有感情用事，而是先講了一番道理，並把話題的重心由復仇轉移到運用法律手段來解決，敏雄從道理中明白了自己的糊塗用事，從重心的轉移中得到了問題的圓滿解決。彥勳也由此拒絕了敏雄復仇的請求，這就是「獻可替否」的妙用。

12.**敷衍式的拒絕，含糊迴避：**敷衍是一種藝術，運用得當會取得良好的效果。如：有一次明敏向玉玫借貸，玉玫敷衍她說：「好！再過一段時間，等我把手上出租的房子的租金收齊了，就借你五十萬吧。」玉玫的敷衍很有水準，不說不借，也不說馬上借，而是說過一段時間收租後再借。這話有幾層意思：一是我目前沒有，現在不能借給你；二是我也不是富人；三是過一段時間不是確指，到時借不借再說。明敏聽後已經很明白了，但他不會怨恨什麼，因為玉玫並沒有說不借，只是過一段時間再說而已，還是有希望的。

敷衍式的拒絕具體可分為以下幾種：

①推託其辭：在不便明言相拒的時候，推託其辭是一種比較策略的辦法。人處在一個大的社會背景中，互相制約的因素很多，為什麼不選擇一個盾牌擋一擋呢？

如：有人託你辦事，假如你是主管成員之一，你可以說，我們公司是大家一起開會討論做決議的，像你的事要大家討論，才能決定，不過，這件事恐怕很難通過，最好還是別抱什麼希望，如果你實在要堅持的話，待大家討論後再說，我個人說了不算數。——這就是推託其辭，把矛盾引向了另外的地方，意思是我不是不給你辦，而是我辦不了。

②答非所問：答非所問是裝糊塗，給請託者暗示。

如：「此事您能不能幫忙？」「我明天必須去參加會議」。答非所問，婉拒了對方，對方會從你的話語中感受到，他的請託得不到你的幫助，只好採取別的辦法。

③含糊拒絕法：如：「今晚我請客，請務必光臨。」「今天恐怕不行，下次一定來。」下次是什麼時候，並沒有說定，實際上給對方的是一個含糊不定概念。對方若是聰明人，一定會聽出其中的意思，而不會強人所難了。

13.避重就輕法：當別人要求你公開某些情況，而你不想或不能作出一些明確的回答時，可以採取避重就輕的手法，避免作實質性回答。

14.改變話題法：如不願回答別人向你打聽的事情時，可用巧妙變換話題的方法，讓對方處於被動地位，從而改變意圖。

15.暫退一步，再伺機推託：馮至是某教育局的人事科長，經常處於矛盾的包圍之中，上級的話他不得不聽，違心的事也要辦，下邊的事不敢應，一應就是一大串，他的官是當得苦不堪言。在他極其苦惱時，一位智者提醒他，面對矛盾，你何不採取迴避鋒芒的辦法，這能使你得到解脫。這使馮科長茅塞頓開，連罵自己以前太笨，以致得罪了一些上級主管。

掌握了這一處理矛盾的秘訣，馮科長坦然多了。一次，劉副局長讓他想辦法將在私立二專畢業的姪子安插到某學院去。這不符合政策，讓馮科長很為難，因為一旦出現問題，承擔責任的是他，而非劉副局長。這時他想起了迴避鋒芒，不直接對抗的退讓之法，便牛刀小試一下。

馮科長對劉副局長說：「好，我會盡心為您辦這件事的，你讓你的姪子把他的畢業證、檔案資料給我送過來。」

劉副局長的姪子來了，但只有檔案資料，沒有畢業證，因為他雖讀完了二專，但成績不佳，好幾科是被死當，哪來的畢業證，馮科長讓他先回去等候通知。

過了幾天，劉副局長又關照這件事情，馮科長先說了說他姪子的情況，隨後說道：「劉局長，你說話對方可能比較會聽進去，你和那所學校的校長談談，只要他們肯收，我這就些資料給送過去。」

劉副局長從馮科長的話裡顯然已聽出了弦外之音，只好說：「那就先放在旁邊再說吧。」

馮至對劉副局長沒有採取直接對抗的方法，而是欲擒故縱、迴避鋒芒，達到了保護自身的目的。

官場上的矛盾、衝突、痛苦，使大部分人都會處於戰爭狀態。用欲擒故縱的辦法，迴避

鋒芒，不直接對抗，能讓你的心靈自在、祥和，矛盾也會在迂迴曲折中得到妥善解決。一旦迴避了鋒芒，你就會發現事情原來可以很簡單。

16.使你的拒絕溫柔而不可抗拒：烏爾倫・伯瑞是一位圖書推銷商，常常挨家挨戶地推銷他的圖書。日積月累的經驗教會他怎樣把書賣給那些並不打算買的人。他有一副好嗓子，音色渾厚，而且他說話也很討人喜歡，常常逗得人們哈哈大笑。他衣著乾淨整潔，穿著講究，屬於那種人們一見到他就會立刻喜歡上他的人。這一點他心裡是十分清楚的。

今天，他來到一戶人家推銷。他左手拿著一大本書，右手推開大門，滿臉笑容地穿過花園小徑，來到主人的房前。他按了一下門鈴，過了好一會兒，一位小姐開了門，滿臉驚奇地看著他。讓他感到遺憾的是，這是一位未婚女子，因為她手上沒戴戒指，但她也許有位弟弟或者表哥什麼的喜歡讀嚴肅書籍。

「早上好，小姐，」他說，「我想你也許有興趣買一套《世界歷史》。這套書一共有十二本，我拿出其中的一本讓你瞧瞧，裡面的插圖漂亮極了……。」

「實在對不起，」她打斷道，「我正在做飯，沒閒功夫來談論歷史。我得馬上回廚房看看。」不等他回答，她就把門重重地關上了。

這次談話如此快就中斷了，著實讓伯瑞吃了一驚。他不願意這麼早就被趕走。他繞著房子走了一圈，然後敲響了後門。開門的仍然是那位年輕的小姐。

「又是你！」她尖叫道。

「哦，」他說，「你剛才告訴我你在廚房忙得不可開交，所以我只好不嫌麻煩地繞到後邊來。也許你會讓我坐在廚房裡，然後你一邊做飯一邊聽我講這本優秀歷史書的一些內容。這套書很重要，也很有用。如果你不買的話，會後悔的。」他咧開嘴一笑露出雪白的牙齒來。

她「呀」了一聲，然後說，「如果你願意的話，可以進來坐在那邊。」她指著那把椅子，又補充道：「但是，你會白費時間的。我對歷史毫無興趣，再說我也沒錢買書。」

伯瑞坐下來，把手中笨重的書小心翼翼地放在飯桌上。當然，多售出一本書，就意味著他的利潤也將增加一些。他有信心勸這位小姐買一本。當她在做飯時，他就用他那迷人的聲音向她講述著擁有這本書的所有好處，更沒有忘記提醒她，這書很便宜。

「等一等，」她突然打斷他，隨後離開了廚房。他聽見她在屋裡的什麼地方開抽屜。不一會兒，她回到了廚房，手裡拿著筆記本和鉛筆。她放下手中的工作，與他一塊兒坐到了桌

子邊。

「請繼續講。」她說。

他又開始講起來，她則一邊聽，一邊認真地記著筆記，中途還不時叫他把剛講的重複一下。見她如此有興趣，伯瑞簡直有些大喜過望。他又暗暗地思忖起來，其實勸人們買他們不想買的東西是多麼容易啊！最後，他結束了自己的談話，關上書，問道，「你覺得怎麼樣？你難道不認為買一本是明智之舉？」

「哦，不！」她吃驚地說，「一開始我就告訴過你，我對歷史不感興趣，當然不打算在一本歷史書上花大量的鈔票。」隨後，她打開後門，並做出一個請的姿勢。

「但你為什麼要做筆記呢？」伯瑞問道。

「哦，」她回答道，「我弟弟與你是同行，他也是挨家挨戶去推銷他的書，但一點也不成功。所以我記下了你說的有些話。你太聰明了，我將把這些筆記拿給他看。他就明白了下一次去推銷的時候該說些什麼了。這樣他也許會賺更多的錢。實在太感謝你了。我真高興你今天能來。」

伯瑞站在那兒，呆若木雞。

17.面對死皮賴臉地糾纏，態度必須強硬果斷：某某先生是當代著名書法家、大學教授，又是前清皇室的親戚，是一位炙手可熱的大名人。因此，登門造訪的人總是接連不斷，簡直是快要踏破了門檻。

直言不諱地說，到先生家的人雖多，但純為探訪而不有求於先生者，卻是非常罕見的。相求的內容，大致有二：一是舉辦某某活動，欲請先生光臨、捧場；二是求先生揮毫寫字，用先生自己的話說則是：「將白的寫成黑的。」其實這都順理成章，先生名頭太大，在活動中一露臉，立即大群記者一擁而上，電視轉播，報紙載文，舉辦者臉上添光，知名度大響，有極高的社會效益；而字，一則具有高度藝術價值，掛於客廳中可臨摹，可欣賞，可炫耀。二則雖人人都不會公開承認，但私下一致認同，可賣大價錢，是為可居的奇貨，能獲得可觀的經濟效益。

試想，如果對這些人一一照顧，個個給面子，老先生豈不是要累死？那些人個個都有一套死纏硬賴的功夫，委婉的拒絕是不管用的。因此，老先生有時對他們毫不客氣，乾脆直爽地將其拒之門外。固然，一開始即斬釘截鐵地說「不」，委實不妥，然而，不要因此而放棄表示拒絕的權利。即使這樣做會破壞他人對自己的期望或好感也在所不惜，何必勉強自己成

為偶像型的人物呢？畢竟，辦不到的事終究還是辦不到。先把這一點搞清楚，然後儘早設法向對方懇切地表白，才是真正的相處之道。也許如此一來，請求你的人可能會暫時表現出失望，但總比中途反悔要好多了。所以在考慮答應對方的請求前，應先仔細盤算自己能力是否能及，如果答案是否定的，不妨想想：一旦失約後對方對自己所產生的不信任感將如何，那麼即使很難做到，也勢必得鼓起勇氣將之拒絕。

說「不」的兩大禁忌

1. **忌與對方套交情：**給人「敬而遠之」的態度，比把「不」說出來較容易也說得較好，或者說，對方試圖與你套交情，你要保持頭腦清醒，以免做了感情俘虜，給對方可乘之機。

　一般說來，見一次面就能記住別人名字的人，常容易與人接近，因此，在交談中不斷稱呼別人名字會常產生親近感，那麼，反過來你想說「不」時，便應杜絕這種親密的表示，即對方的名字一概不提，這樣加大對方心理距離，容易說「不」。還有談話時儘量距離對方遠些，使其不容易行使拍、拉等觸摸的親密動作。據心理學家研究，「觸摸」是很容易產生共同感受的，故想說「不」時應注意避免。另外，也最好不要觸摸對方遞出來的東西。東西也和人一樣，一經「觸摸」也會產生「親密感」，想要拒絕就不容易了。

2.忌用藉口來拖延說「不」的時機：有些人覺得不便說「不」，便隨便找些不值一駁的理由來暫時搪塞對方，以求得一時的解脫。這個方法並不好，因為對方仍可以找理由跟你糾纏下去，直到你答應為止。比如你不想答應幫他做事，推說：「今天沒有時間。」他就會說：「沒有關係，明天再幫我好了，事情就拜託你了。」

因為這些都是小小的謊言，一經反駁，你定有所慌亂，「不」的意志便很難貫徹了。所以對付這種情況，你倒不如直截了當地用較單純的理由明確地告訴對方：「你委託的這件事辦不到，請原諒。」「這件衣服的顏色我不喜歡，很抱歉。」「我已經另約了舞伴，不能跟你跳，對不起。」等等。

這樣雖說顯得生硬些，但理由單純明快，不給對方有機可乘！

不可不慎的面子問題

第三章・裝糊塗

在適當的時候，身段放軟，自己低頭，主動給別人台階下，讓別人有面子，往往會讓你得到意想不到的好處。

妙拒退衣

一位顧客到一家超市要求退回一件外衣。但這件衣服已帶回家並且穿過了，只是她丈夫不喜歡。她堅持說「絕沒穿過」，要求退換。

銷售員檢查了外衣，發現有明顯乾洗過的痕跡。但是，直截了當地向顧客說明這一點，顧客是絕不會輕易承認的，因為她已經說過「絕沒穿過」，而且精心地作了偽裝。於是，機敏的銷售員說：「我很想知道你們家的某一位成員是否把這件衣服錯送到洗衣店去過。不久前我也發生過一件同樣的事情，我把一件剛買的衣服和其他衣服堆在一起，結果我丈夫沒注意，把這件新衣服和一大堆髒衣服一股腦地塞進了洗衣機。我懷疑你是否也會遇到這種事情，因為這件衣服的確看得出已經被洗過的痕跡。不信的話，您可以跟其他衣服比一比。」

顧客看了看衣服上的證據知道無可辯駁，而銷售員又給了她一個台階下。於是，她順水推舟，吞吞吐吐地說了幾句，就收起衣服走了。

上述例子中的銷售員，在明知對方穿過且洗過衣服後而不直接點破，給了對方一個台階下，讓事情得到了解決。試想，她若堅持說顧客「一定穿過」，而對方則堅持說「沒有穿過」，事情一鬧起來，不管結果如何都是不歡而散，且會影響生意。

低頭是爲了抬頭

有一道腦筋急轉彎的題目：裝滿物資的卡車，前面出現一個橋孔，且洞口低於車高幾公分，問卡車如何巧妙穿過橋孔？

這道題的答案並不難就是——把車輪胎放掉一部分氣即可。在生活中時常會碰到類似這道其實並不是真的那麼困難的「難題」。往往我們在碰到困難時，一開始不是一籌莫展，搞得焦頭爛額，就是硬往前撞，哪管它三七二十一，死了也悲壯。這固然表明一個人的勇氣和自信，但往往會適得其反，事情會扯不清理更亂。毫無價值的犧牲，最終受害的是自己，隨著吃虧的經驗增多，也長了些許的「智慧」。讓自己在往後每逢遇到類似的難題時，就會如文中開頭的司機，給車胎放一點氣——低一低頭。

縱觀歷史，也有借鑒的鏡子。三國劉備再三低頭：從三顧茅廬到孫劉聯合，每一次低頭，都會走到「柳暗花明又一村」，終於做成「三國鼎立」中的輝煌。越王勾踐深深低下高貴的頭，以臥薪嚐膽收回舊山河。

明德在廣告公司工作，由於年輕容易衝動，便不小心得罪了經理。於是，在以後的日子裡，每次開會他都自然而然成為會議的第一個主題——挨批。被批得面目全非的他，真想一走了之。但是他轉念一想，如果真的走了，一些罪名洗不清，而且會被蒙上厚厚的污垢；再者，這是一家很有名氣的廣告公司，自己完全可以從中源源不斷地得以「充電」。於是他堅持留了下來，整理好亂七八糟的心情，埋頭苦幹，以兢兢業業的工作來為自己療傷，以實實在在的業績回擊謊言。一筆又一筆的業績，增添了他的信心，也讓他積攢下了許多經驗財富。坦率地講，最重要的是，從中總結出「給車胎放氣」的處世哲學，使他終生受益。

漫漫人生路，有時退一步是為了踏越千重山，或是為了破萬里浪；有時低一低頭，更是為了昂揚成擎天柱，也是為了成為驚天動地的風雷；如此的低一低頭，即便今日成淵穀，即便今秋化作飄搖落葉，明天也足以抵達聖母峰的高度，明天依然會笑意盎然，傲視群雄。

美容霜風波

《老子‧二十二章》裡有一段話：「曲則全，枉則直，窪則盈，蔽則新，少則得，多則惑。」意思是：委曲反而能保全，屈就反而能伸直，低窪反而能充盈，破舊反而能生新，少取反而能多得，貪多反而迷惑。

「曲則全，枉則直」，在人生的戰場上，尤其是在生意場上，可以說，每一個有志氣的人都需要有這種能屈能伸的氣概。「商場如戰場」，在這無煙硝的戰鬥中，每一位總指揮官——生意人不僅需要智慧，而且還應有涵養和風度，要深諳「商場」技巧。

經商，離不開生意洽談，而在業務洽談中，僵局是難免的。如果雙方固執己見，僵持不下，都有「寧為玉碎，不為瓦全」的想法，那麼結局是不言可喻的。作為一位精明的生意洽談人應努力保持鎮靜，設法緩和洽談氣氛或者改變問題，甚至可以忍痛割愛，終止洽談等待機會，捲土重來。

要打破僵局並非舉手之勞，這就需要掌握業務洽談技巧。退一步是為了往更好前進，想辦法與對方建立心理相容的關係，縮小或消除雙方在心理上的鴻溝，然後在良好的人際關係中重振旗鼓。

作為生意人，不僅要為顧客提供優質的產品和上乘的服務，更重要的是透過自己的產品和服務使顧客獲得某種程度的滿足。但是往往事不如人願，並不一定所有的顧客都對產品和服務心滿意足，我們常常會被那些不滿足的顧客抱怨和指控。所以，一個具有遠見卓識的經營者不但在經營方面有其奇招和怪招，而且在處理投訴方面更要懂得「委曲求全」的道理。

有一個生產美容品的公司，一天，一位不速之客怒氣衝衝跑進公司，張牙舞爪地對張經理說：「你們的美容霜乾脆叫『毀容霜』算了！我十八歲的女兒用了你們的『美容霜』後，臉受到嚴重的破壞，現在她連門都不敢出。我要告你們，你們要負起賠償責任，要付給我們所受到的損失！」

張經理一聽完，稍加思索，心裡明白了幾分，但他仍誠懇地道歉：「是嗎？竟發生這樣嚴重之事，實在對不起您，對不起令媛。不過，現在當務之急是馬上送令媛到醫院治療，其他的事我們以後慢慢再談吧。」那位不速之客本想臭罵一頓出口窩囊氣，萬萬沒想到經理不但認真，而且還挺負責的。想到這裡，他的氣消了一些，於是在張經理的親自陪同下，帶著他的女兒去醫院皮膚科檢查。

檢查的結果是：小姐皮膚有一種遺傳性的過敏症，並非由於美容霜有毒所致。醫生開了處方，並安慰她說不久便會痊癒，不會有可怕的後遺症。

這時，父女的心才放下來，他們對張經理既感激又敬佩。張經理又說：「雖然我們的護膚霜並沒有任何有毒成分，但小姐的不幸，我們是有一定責任的。因為雖然我們產品的說明書上寫著『有皮膚過敏症的人不適用本產品』，但小姐來購買時，售貨員肯定忘記問她是否有皮膚過敏症，也沒有向顧客叮囑一句注意事項，才導致令嬡遭此麻煩。」

在適當的時候，主動給別人台階下，讓別人有面子，往往會讓你得到意想不到的好處。

小姐聽到此語，再拿起美容霜仔細一看，果然包裝盒上有明確說明哪幾種人不能用，只怪自己沒詳細問清或看清就買來用了，心中不禁有些懊惱。張經理見此情景便安慰她：「小姐，請放心，我們曾請皮膚科專家認真研究過關於患有過敏症的顧客的護膚問題，並且還開發設計好幾種新產品，效果都很好。等你治癒後，我再派人給你送兩瓶試用一下，保證以後不會再出現過敏反應，也算我們對今天這件事的補償。先生、小姐，你們意見如何？」結果自然是向好的方面發展了。

常言道：「沒有不挑剔的顧客」。這對於企業、公司、商店都是個挑戰，精明的經營者對此都深信不疑。然而「道高一尺，魔高一丈」，克敵制勝的辦法總是源於聰明的腦袋。「以柔克剛」也是商戰中慣用的戰術。

把握分寸

在人與人之間的相處，有一個問題非常重要，那就是「分寸」。

與人相處，幾乎每一分鐘，每一秒鐘，都必須要有分寸感。在我們日常的生活中，有時候也不免會跟別人吵起來。但是，即便是在情緒不能自已而吵架的時候，也要有分寸感。

有分寸感的人，在吵架的時候，能放，能收，能轉彎，能下臺，能適可而止，能留有餘地，能使對方知難而退，也能使自己保持主動。沒有分寸感的人，吵起架來，就一發不可收拾，弄成僵局，沒有轉彎迴旋的餘地。為了一些無足輕重的小事，發生很嚴重的爭吵，造成許多不便，是非常不值得的。

當然，一個富有分寸感的人，是不會輕易跟別人吵起來的。很多事情，都能夠很有分寸地和對方商談、討論，曉以利害，動以真誠，說事實，講道理，解除對方的疑慮，提出具體的建議。每一句話，都能夠說得輕重適宜，進退有據，合情合理，婉轉動聽。很多糾紛、困擾、爭執、衝突都可以透過仔細的商量，切實的討論，找出解決的途徑，根本無須吵架。

我們生活中有那麼一種人，他們善於團結群眾，讓很多人同仇敵愾。他們都是分寸感極強的人。他們不但能夠控制自己的分寸，同時也善於調整別人的分寸。在許多不同的分寸之間，加加減減，異中求同，使各方面的人，都在他們的折衷調解中，找到一個解決的方案。

有時候，我們需要對那些犯了錯誤的人提出忠告或加以批評。這時，分寸感也是要細心地加以把握的。因此，分寸感很強的人，當他需要批評別人的時候，能夠把對方的錯誤，照實指出，對方不但不生氣，反而覺得心悅誠服，覺得他的話非常有道理，他的態度也真誠有

禮。

可是如果說得太重了，超過了應有的分寸，那麼別人雖然承認錯誤，但心裡卻會很不好受，很不甘心。如果再重了一些，別人就可能不肯接受，甚至於動怒、發火，從此把你當做冤家，讓怨氣久久不散。批評的效果，就蕩然無存了。

做人不要太認真

有位智者說，大街上有人罵他，他連頭都不回，他根本不想知道罵他的人是誰。因為人生如此短暫和寶貴，要做的事情太多，何必為這種令人不愉快的事情浪費時間呢？

人生的複雜性使人們不可能在有限的時間裡洞察人生的全部內涵，但人們對人生的理解和感受領悟又總是侷限在事件的啟迪上，比如：做人不能太計較便是其中一例，這正是有人活得瀟灑，有人活得累的原因之所在。

做人固然不能玩世不恭，遊戲人生，但也不能太計較，鑽牛角尖。「水至清則無魚，人至察則無徒」，太認真了，就會對什麼都看不慣，連一個朋友都容不下，把自己同社會隔絕開。鏡子很平，但在高倍數的放大鏡下，就成凹凸不平的山巒；肉眼看得乾淨的東西，拿到顯微鏡下，映入眼內都是細菌。試想，如果我們戴著放大鏡、顯微鏡生活，恐怕連飯都不敢吃了。再用放大鏡去看別人的毛病，恐怕那傢伙罪不容誅、不可救藥了。人非聖賢，孰能無過。

與人相處就要互相諒解，經常以「難得糊塗」自勉，求大同存小異，有肚量，能容人，你就會有許多朋友，且左右逢源，諸事如願；相反的，若你過份明察秋毫，過份挑剔，什麼雞毛蒜皮的小事都要論個是非曲直；容不得人，人家也會躲你遠遠的，最後，你只能關起門來「稱孤道寡」，成為使人避之唯恐不及的異己之徒。古今中外，凡能成大事的人都具有一種優秀的品質，就是能容人所不能容，忍人所不能忍，善於求大同存小異，團結大多數人。他們極有胸懷，豁達而不拘小節，大處著眼而不會目光如豆，從不斤斤計較，糾纏於非原則的瑣事，所以他們才能成大事、立大業，使自己成為不平凡的偉人。

在公共場所遇到不順心的事，實在不值得生氣。素昧平生的人冒犯你肯定是別有原因的，不知哪一種煩心事使他這一天情緒惡劣，行為失控，正巧讓你碰上了，只要不是侮辱了你的人格，我們就應寬大為懷，不以為意，或以柔克剛，曉以大義。總之，不能與這位與你原本就無怨無仇的人瞪著眼睛較勁。假如真的計較起來，大動肝火，刀對刀、槍對槍的蠻幹起來，釀出個什麼後果，那就吃不消了。跟萍水相逢的陌路人計較，實在不是聰明人做的事。假如對方沒有什麼知識水準，一計較起來就等於把自己降低到對方的水準，很沒面子。另外，對方的觸犯從某種程度上是發洩和轉嫁痛苦，雖說我們沒有分擔他痛苦的義務，但客觀上確實幫助了他，無形之中做了件善事。這樣一想，也就放過他放過自己了。

清官難斷家務事，在家裡更不要斤斤計較，否則你就愚不可及。老婆孩子之間哪有什麼原則、立場的大是大非問題，都是一家人，非要用鬥爭的眼光看問題，分出個對錯來，又有什麼用呢？人在公司、在社會上充當著各種各樣的既定角色，克盡職守的國家公務員、精明體面的商人，還有廣大工人、職員。但一回到家裡，脫去西裝皮鞋，也就是脫掉了你所扮演的這一角色的行頭，即社會對這一角色的規矩和種種要求、束縛，還原了你的本來面目，使你盡可能地享受天倫之樂。假若你在家裡還跟在社會上一樣認真、一切都要照規定規矩，每說一句話、做一件事還要考慮對錯，顧忌影響、後果，計算再三，那不僅可笑，也太累了。頭腦一定要清楚，在家裡你就是丈夫、就是妻子。所以，處理家庭瑣事要採取「綏靖」政策，安撫為主，大事化小，小事化了，和稀泥，當個笑口常開的和事佬。

具體來說，作丈夫的要寬厚，在金錢物質方面要睜一隻眼閉一隻眼，越馬馬虎虎越得人心，妻子給娘家偏點心眼，是人之常情，你根本就別往心裡去計較，那才能顯出男子漢寬宏大量的氣度。妻子對丈夫的懶惰等種種難以容忍的毛病，也應採取寬容的態度，切忌嘮叨起來沒完沒了，嫌他這嫌他那，也不要偶爾丈夫回來晚了或有小姐來電，就給他臉色看問個沒完。看得越緊，叛逆心理越強。索性放寬心，讓他瀟灑去吧，看他能有多大本事，外面的情感世界也自會給他教訓，只要你是個自信心強、有性格有魅力的女人，丈夫再花心也不會與你隔斷心腸。就怕你對丈夫太「認真」了，讓他感到是戴著枷鎖在過日子，進而對你產生厭倦，那才真正會發生危機。家是避風的港灣，應該是溫馨和諧的，千萬別把它演變成充滿火藥味的戰場，狼煙四起雞飛狗跳，關鍵就看你怎麼去把握了。

在適當的時候，主動給別人台階下，讓別人有面子，往往會讓你得到意想不到的好處。

以「輸」換「贏」

品君是個中小企業的負責人，和客戶來往，他有特別的一套。他酒量不錯，也很會划酒拳，可是每次和客戶應酬，他都謹守著「與其自己喝醉，不如被灌醉」，以及划拳時「輸三拳，贏兩拳，不如全輸最好」的原則。

品君也會打麻將，可是他都「能輸儘量輸」。每回應酬，客戶們都很「高興」。每次事後談生意，客戶們大都能按著品君的條件成交，而每回談生意時，他都會提及「那一天被你灌得好慘」或「你的拳路實在很難抓」，或「那天打麻將，真不知怎麼搞的，手氣就是不順」……。

品君對人性的掌握相當準確，並表現在喝酒和打麻將上；雖然「辛苦」，但卻也有相對的代價，只要不弄壞身體，這代價是相當值得的！品君掌握的便是人的「好勝心」！

「好勝心」有屬於「自我挑戰」的好勝心，也有想要贏過別人的好勝心。自我挑戰的好勝心不是品君所掌握的重點，他掌握的是人人都有想要贏過別人的好勝心。

想要贏過別人好勝心的表現，因各人條件的不同而有很多種方式，有人靠事業來贏過別人，有人靠頭銜、社會地位來贏過別人，也有人靠衣服、寵物……來「贏」過別人，只要比別人「好」，自己便有「勝利感」，表示自己「高」過對方！而奇妙的是，人一旦有了這種夢幻的「勝利感」，便忘了自己在其他方面其實是「輸」給別人的。但也有人就是因為其他方面「輸」別人，因此越加重視、誇耀自己某方面的「贏」過別人，這是一種非常明顯的心理補償作用，因此在某方面「贏」過了別人，心裡便油然興起一種「滿足感」！人的欲望獲得滿足，內在少了壓力，對其他事情要求的尺度便會鬆一些，標準便會低一點些，甚至也有因此失去自衛警覺的人！

品君對待客戶的方式基本上也是如此，他讓別人「贏」，尤其是讓喜歡贏的人贏，連無意贏的人也讓他「贏」！他讓別人因為「贏」而有滿足感、勝利感，也讓自己以「輸」來造成別人的「虧欠感」。這一方面讓贏的人鬆懈警覺，一方面喚起贏的人彌補虧欠的意識，也就是「昨天把人家贏得那麼慘，今天再跟人家斤斤計較便不好意思了」的心理。總而言之贏的人面對手下「敗將」，便自然的往「讓步」那個方向思考；對贏的人來說，這讓步也有「恩典」的意味，而這其實就是「輸」的人想要的！

所以，在競技場上應該贏，但在人與人之間，卻應該多輸少贏，以免無端生是非，如能像品君那樣，用「輸」去「贏」，就更好了。

讓對方覺得自己是主角

人們最感興趣的就是談論自己的事情，對於那些與自己毫不相關的事情，多數人會覺得索然無味。而對你來說，最有趣的事情，有時不但很難引起別人的共鳴，甚至還會讓人覺得可笑，年輕的母親會熱情地對同事說：我的寶寶會叫「媽媽」了，她這時的心情是很高興的。可是，旁人聽了會和她一樣的高興嗎？別人會認為，誰家的孩子不會叫媽媽呢？這是很正常的事情。所以，在你看來是充滿了喜悅的事，別人不一定會有同感。在與人交談的時候，要多照顧對方的感覺，應努力讓對方感到主角是他。

與同事商量事情時要竭力忘記你自己，不要老是嚷嚷不停，無休止地談你個人的事情，你的孩子，你的生活，以及其他的事情。人人最喜歡的都是自己最感興趣或最熟知的事情，那麼，在交談的過程中你就可以明白別人的弱點，而儘量將話題引到讓他說自己的事情，這是使對方高興的最好方法。

在談論自己的事情時，和人家認真或與人爭辯等，都是不明智的表現。但還有一樣最不好的，就是在別人面前誇大自己，在一切不利於自己的行為中，再也沒有比張揚自己更愚笨了。

鬥氣不如鬥志

人也是動物，可是人和其他動物不同的一點是：人會「鬥氣」，其他動物雖然也會相鬥，但不會鬥氣。

男女朋友因意見不合而吵架，兩人都很生氣，誰也不想先開口道歉，這便是「鬥氣」。甲公司生產某產品，獨佔市場，乙公司也推出類似產品，瓜分了甲公司一半的市場，並揚言將擊敗甲公司；甲公司不甘示弱，花大錢打廣告，發誓要把市場奪回來！這也是「鬥氣」的一種。

鬥氣是人類很自然的反應，可是鬥氣只能帶給人一時激情式的滿足，本身並沒什麼建設性，甚至可以說，鬥氣的破壞性大於建設性。原因如下：

1. **鬥氣會模糊你應追求的目標**。例如夫妻鬥氣會妨礙家庭幸福；同事鬥氣，會荒廢事業；公司鬥氣，會互相傷害導致倒閉的可能；國家為鬥氣而打仗，會使民不聊生。為「氣」而投入時間、精力、金錢，智者不為也。

2. **鬥氣會使人失去理性**。「氣」是屬於情緒性的，「氣」的存在，使人呈現感性的一面，但若上升到要「鬥」的程度，則會使人失去理性，讓人做出錯誤甚至後悔莫及的決定。所

以，智者不為也。

3.鬥氣有時是對方的策略。或許他知道你容易動「氣」，所以故意激你，好把你引到歧路，讓你因此毀滅；或許他不知道你是不是容易動「氣」，但激一激你，可以瞭解你的底細，而他的目的，當然也是為了破壞你，或是毀滅你！所以，鬥氣，智者不為也。

4.鬥氣會使人氣度變小。「忘」了「鬥氣」之外還有更重要的事、更廣大的天地。所以，鬥氣，智者不為也。

5.鬥氣，智者不為；智者只鬥志！「志」指「志向」，也就是抱負、理想及對未來的規劃。換句話說，不管別人對你如何，也不管自己心裡感受如何，只管堅定地草自己的目標前進，也不在乎對方是不是跑在你前面，你只走你該走的路！

「志」也指「理性」。也就是說，讓理性來引導，你的每一個作為都經過仔細的思考，絕無衝動，也不感情用事。「氣」是空的、虛的、浮的，因此也是不久長的；而「志」卻是實的、穩的、充滿力量的，因此「志」對「氣」，「氣」絕無勝算。

很多人的失敗都因鬥氣，這些人也都是到了年紀大了，才瞭解鬥氣的荒謬可笑。所以，智者只鬥志而不鬥氣，甚至根本不鬥——不與人鬥，只跟自己鬥。

在適當的時候，主動給別人台階下，讓別人有面子，往往會讓你得到意想不到的好處。

因此，當老大、老二或老三完全是觀念問題。不過這位老闆所說的卻也是事實——當「老大」要費很多力氣來維持「老大」的地位。

所以，當「老二」的確也有其實際的地方，這也就是許多人寧當「老二」不當「老大」的原因所在。其實當「老二」還有其他的好處：

1. 靜看「老大」如何構築、鞏固、維持他的地位。之所以能夠成為老大，他的成功與失敗，都將可做為你的經驗和指標。

2. 可趁此機會培養自己的實力，以迎接當「老大」的機會。（假如你有當「老大」的意願的話）。

3. 明哲保身。因為志不在「老大」，所以就不會太急切，造成得失心太重，不會勉強自己去做力不從心的事情，反而能保全自己，也會降低失敗的機率。

總之，做事或經營企業，無論從老二、老三或老五做起都沒關係，就是先不要當「老大」。如能好好地當「老二」，當主客觀條件具備，自然就會變成「老大」，這個時候的老大才是真正的老大。

妄自尊大要不得

沒有人天生要比別人特別幸運，可以扶搖直上，處處得到上司的提拔，在辦公室裡，如果你很羨慕那些表現出眾的同事。他們升職加薪的速度比你快，深得老闆的器重，委以重任。這豈止是幸運！他們懂得如何推銷自己，做自己該做的事情。能在人際關係複雜的商場中，學會生存的本領。不斷力爭上游，才有脫穎而出的一天。

你想一飛沖天，成為人中鳳凰，就要注意下列各點：

1. 當一項工作交到你的手上時，或許你發覺不少疑難，也不要終日纏著上司要他給你指示，你應該嘗試以自己的方法解決問題，在面對重要的決定時，才去詢問上司的意見。
2. 當你向上司提出要求的時候，不僅把你的需要說出來，同時也要讓他重新衡量你的工作表現與能力，提醒上司重視你的價值。
3. 你有什麼不滿意的地方，應該找機會向主管直接表示出來，而不是在背後批評負責人處事失當。
4. 雖然公司為使工作達到更好的效果，勢必會訂下不少規則，你也可以根據實際情況的需要，作出有限度的改變。

5. 切勿妄自尊大，自以為很能幹，可以取代上司的位置，此舉對你日後的發展有害無益。

驕傲是因爲無知

所有驕傲的人都認為，自己有學識，有能力，有功勞；而謙遜的人卻總是認為自己還差得遠咧。驕傲者也許真的有其驕傲的資本，而謙虛者真的差得很遠嗎？這是一個耐人尋味的問題。

事實上，驕傲的真正原因並非飽學，而是因為無知。同樣的，謙虛的真正原因也不是他差得很遠，恰恰相反，他的確不比別人差。謙虛與驕傲的原因在於一個人的修養如何，而不在於是否多讀了幾本書或是多做了幾件事。

希臘古代大哲學家蘇格拉底的一則小故事，可以充分說明這個問題。

蘇格拉底是古希臘哲學家中最受人尊敬的一位。他不僅學識淵博，而且非常善於辨析，當時能夠提出的任何問題，只要到了他的手裡，沒有不迎刃而解的。但是他非常謙虛，從來不以權威自居，循循善誘，讓對方自己得出正確的結論。

由於博學而謙遜，蘇格拉底被公認為最聰明的人。但是蘇格拉底卻一點也不這樣認為。他說：「不可能！我唯一知道的事情是，我一無所知。」

眾人仍異口同聲地稱讚他是天下最聰明的人，並建議他到山上的神廟去占卜，看看天神的意見如何。於是蘇格拉底來到神廟去占卜，占卜的結果明白無誤：他確實是天下最聰明的人。面對神諭，蘇格拉底無話可說了，但是口裡仍然喃喃自語：「我唯一知道的事情是，我一無所知。」

可是總會有不少的人認為自己天下第一，這樣的人，哪有不跌倒的。

楚漢相爭時，項羽勇將龍且奉命率領大軍，日夜兼程向東進入齊地，救援齊王田廣。

韓信正要向高密進軍，聽說龍且兵到，召見曹、灌二將，囑咐他們：「龍且是項羽手下有名的猛將，只可智取，不可跟他硬拼，我只能用計擒住他。」於是，命令部隊後撤三里，選擇險要的高地安營紮寨，按兵不動。

楚將龍且，以為韓信怯戰，想渡河發起攻擊。屬下官吏向他建議：「齊王田廣數萬部隊已經吃了敗仗，又都是本地人，顧慮家室，容易逃散；他們潰逃，我們也支持不住。韓信來勢很凶，恐怕擋不住。最好是按兵不動，暫不與他正面交鋒。漢兵千里而來，無糧可食，無城可守，拖他們一兩個月，就可不攻自破了。」

龍且性高氣傲，目空一切，他連連搖頭道：「韓信不過是一個市井小民，有什麼本領？聽說他少年時要過飯，鑽過人家的褲襠。這種無用之人，怕他什麼！」

副將周蘭，上前進諫道：「將軍不可輕視韓信。那韓信輔佐漢君哲定三秦，平趙降燕，今又破齊，足智多謀，還望將軍三思而行。」

龍且把手一擺，笑著說：「韓信遇到的對手，統統不堪一擊，所以僥倖成功。現在他碰上我，他才曉得刀是鐵打的，我要叫他腦袋搬家！」

當下龍且派人，渡水投遞戰書。

為準備決戰，韓信命軍士火速趕製一萬多條布袋。黃昏時分，韓信傳召部將傅寬，授予密計：「你帶兵各自帶上布袋，偷偷到濰水上游，就地取泥沙裝進袋裡，選擇河面淺窄的地方堆上沙袋，阻擋流水。等明天交戰時，楚軍渡河，我軍發出號炮，豎起紅旗，即命兵士撈

在適當的時候，主動給別人台階下，讓別人有面子，往往會讓你得到意想不到的好處。

起沙袋，放下流水，至要至要！」

韓信命眾將今夜靜養，明日見紅旗豎起，立即全力出擊。第二天，他又命曹參、灌嬰兩軍留守西岸，自己率兵渡到東岸，大聲挑戰道：「龍且快來送死！」

龍且本是火爆個性，他躍馬出營，怒氣衝衝，舉刀直奔韓信，韓信急忙退進陣中，眾將出陣抵擋。韓信拍馬就走，眾將也忙退兵，向濰水奔回。

龍且哈哈大笑，說道：「我早說過韓信是個軟柿子，不堪一擊嘛！」說著，龍且領頭追去，周蘭等隨後緊跟，迫近濰水，那漢兵卻渡過河西去了。

龍且正追趕得起勁，哪管水勢深淺，也就躍馬西渡。周蘭看見河水忽然淺了，有些懷疑，急迫上去，想勸住龍且。楚軍二三千人剛剛渡到河中，猛然一聲炮響，河水忽然上漲，高了好幾尺，接著便洶湧澎湃，如同滾筒席捲一般。河裡的楚兵，站立不穩，被洶湧的大浪捲走，不久便是滿河浮屍。

這時漢軍陣中紅旗豎起，曹參、灌嬰從兩旁殺來。韓信率眾將殺回來。不管龍且如何驍勇，周蘭如何聰慧，也衝不出漢軍的天羅地網。結果是龍且被斬，周蘭被擒，二三千楚兵統統當了俘虜。

聽龍且對韓信的評價，可見他並不真正瞭解對方。所聽到的事情，無非出身低微，忍胯下之辱等讒言。以此為據而戰兵於韓信，豈有不敗之理？

列夫‧托爾斯泰曾經有一個巧妙的比喻，用來說明驕傲的原因。他說：一個人對自己的評價像分母，他的實際才能像分數值，自我評價越高，實際能力就越低。

交際應酬的四大戒條

與外間同業接觸，雖然沒有在公司裡與同事間激烈的競爭，沒有太明顯的利益衝突，造成彼此隔閡。但是由於彼此工作環境不一樣，所以你的能力、表現等各方面，對方不得而知，彼此只能建立在日常表面化的關係之上。

由於彼此不會深入認識對方，在日常交際應酬中也應作一些迴避，為自身建立一個保護網。一則可以保持理想形象，二則也可避免他人無謂猜測，錯估自己。

因此，綜合一些上班族最容易犯的錯誤，提出一些警告，當你與外間同業接觸之際，切

忌犯以下四大戒條：

1. **切忌真情流露：**剛涉世未深的上班族大多是一些想法單純的人。由於對世事所知甚少，往往容易相信別人，有時就容易掉進別人的陷阱裡。基於這點，無論你所知有多少，或是他人說得如何漂亮動聽，都必須避免真情流露，讓別人得以輕鬆窺探自己的內心世界。同樣，也不要表現太興奮、好奇、意外、詫異，以防別人以為自己四肢發達、頭腦簡單，產生輕視之心。

2. **切忌談論薪資：**在上班族的社會裡，薪資就是代表個人價值和地位，把自己的薪資公開，就是要別人評估自己的價值。當然，若比周圍的人都高，的確是件頗為威風的事，但卻可能引起他人妒忌和招人話柄，這是何苦呢！若不幸薪資最低，本身就臉上無光難免令人氣餒，更可能引起別人輕視。所以交際應酬時，話題可以天南地北，無所不談，但千萬別提到薪資。這不但可能導致個人損失，更可能引起對方反感，被指為不成熟的表現。

3. **切忌顯露自己的不足：**做人切忌大言不慚，硬充博學，因為若是被人識破，到時沒趣的還是自己。更不能顯露自己不足之處，不要令人覺得自己是無知。自己不懂，謙虛地請教他人是一種美德，但有的場合就行不通。因為現今世界只有博學、經驗、世故、熟練的人，才能令人佩服和讚賞。寧願默不出聲，讓人以為你是大智若愚、深不可測。在未搞清真相以前，他們最多只會說你有深度而穩重，不敢妄下判斷。相反的，假如自曝其短，向人揭自己瘡疤，如何能令人肅然起敬呢？

4.切忌口不擇言：從來言多必有失，還是少說為佳。尤其是別人的不是，千萬不要由自己口中說出。聰明的上班族永遠是聽的比說的多，說的目的也只為要聽更多一點，所以沒有必要的話就別說了吧。

對於一些自己陌生或是惹人爭議的話題，切記要三緘其口，以免招人笑柄之餘還要萬箭穿心，被人背後中傷。每一句話出口之際，你便應該假設它們會傳送到當事人耳中。故說話應謹慎而得體，以防萬一。

以德報怨

以德報怨，化敵為友，這是迎戰那些終日想讓你難堪的卑鄙小人所採取的上上之策。這樣做，雖然不能根治那些擁有卑鄙齷齪病態的人，但至少可以讓他停止散佈有關你的謊言。

你完全可以相信，那些極力攻擊你，故意與你鬧對立、設法捉弄你的人，都是對自己處境不滿的人。因為他們在精神上的不平衡，使他將氣憤發洩到你的身上。他們很不成熟，以至於無法認清自身問題所在。他們既可悲又可恨，是軟弱、空虛、沒有力量的人，是生活中的失敗者。

當你遭到攻擊時，請想一想這句名言吧：「我不理會其他人所做的種種卑鄙齷齪的舉動。」這是偉大人物常用的思考方式。

相逢一笑泯恩仇

人的心裡常都有不解之氣，所以，對方說的話，你若覺得不堪入耳，就不妨充耳不聞；對方的行為，你若覺得不順眼，就不妨視而不見。何必過分認真，一定要報以尖刻的回應？與你無關的固然不該予以反擊，即使與你有關的，也應該接受而不怨。何況對方的說話行為，如能平心靜氣地思考一下，也未必對你有害。如果他說的不是事實，何必對謊言生氣，如果他說的真是確有其事，那就是你的良師益友，何必為此而生氣呢？

佛界有一幅名聯：「大肚能容，容天下難容之事；開懷大笑，笑世間可笑之人。」古人還常說：「將軍額上能跑馬，宰相肚裡能撐船。」這些話無非是強調為人處事要豁達大度。

我們在社會交往中，人與人之間經常會發生一些矛盾，有的是由於認識水準不同，有的是因為一時的誤解造成的。如果我們都能大度一些，置區區小私於不顧，一定會使矛盾緩和，消除積怨，重新贏得友誼的。

不可不慎的面子問題

第四章・說服的關鍵在於「服」

說服別人往往是很困難的，因為要別人改變自己的初衷，會讓他感到很不自在，很沒面子，所以，如何達到說服別人的目的，又不會讓對方感到沒面子，需要你好好想想。

說服人先瞭解人

「知己知彼，百戰百勝」這句老話，是很有道理的。戰爭如此，說服人也必須如此。在說服對方之前，必須透徹地瞭解被說服對象的背景情況，以便針對目的進行說服工作。瞭解的內容主要有：

1.瞭解對方性格：不同性格的人，對接受他人意見的方式和敏感程度是不一樣的。例如：性格急躁的人，還是性格穩重的人；是自負又胸無點墨的人，還是真才實學又很謙虛的人。掌握了對方的性格，就可以按照他的性格特徵，有目的進行說服工作。

2.瞭解對方的長處：一個人的長處就是他最熟悉、最瞭解、最易理解的領域。如：有人擅長文藝，有人擅長語言，有人擅長交際，有人擅長計算……等。在說服人的時候，要從對方的長處人手。第一，能和他談到共同的話題；第二，在他所擅長的領域裡，談論起來使他容易理解，這樣便容易說服他；第三，能將他的長處作為說服他的一個有利條件。例如一個伶牙俐齒、善於交際的人，在交付他採購工作時可以說：「你在這方面比別人具有難得的才能，這是發揮你潛在能力的一個最好機會」。這樣說既有理有據，又能表明主管對他的信任，還能引起他對新工作的興趣。

3.瞭解對方的興趣：有人喜歡繪畫，有人喜歡音樂，還有人喜歡下棋、養鳥、集郵、書法、

寫作等，人人都喜歡從事和談論自己最感興趣的事物。從這裡下手，打開他的「話匣子」，再對他進行說服，便較容易達到說服的目的。

4.瞭解對方的其他想法：一個人堅持一種想法，絕不是偶然的，他必定有自己的理由，而且他講的道理一般都符合群體的利益或是人之常情。但這常常不是他的真實想法，因為他怕把自己的真實想法拿出來會被人瞧不起，因此常常難於啟齒。而如果主管階層能真正瞭解他的「苦衷」，就能有針對問題而加以解決。

5.體諒對方當時的情緒：一般說來，影響對方情緒的因素有：一是談話前對方因其他事所造成的心緒仍在起作用；二是談話當時對方的注意力正集中在哪裡；三是對說服者的看法和態度。所以，說服者在開始說服之前，要設法瞭解他當時的想法動態和情緒，這對說服的成敗，是一個重要的環節。

凡此種種，你都要悉心研究，才能夠針對目的性地讓對方願意接納你的說服內容。

瞭解對方是有許多學問的。許多人不能說服別人，是因為他不仔細研究對方，不研究用適當的表達方式，就急忙下結論，還以為「一眼看穿了別人」。這就像那些粗心的醫生，對病人病情不瞭解就開了藥方，當然沒有不碰釘子的。

說服別人不能心急

如果你的觀點是對的，一時無法說服人家，你很可能會犯過分心急的毛病。當然，如果人家聽了被你說服的話，立刻點頭叫好，改弦易轍，並稱讚你「一語驚醒夢中人。」這自然是最妙不過的。實際上，這樣情況並不多見。別人的看法、想法、做法，不是一天形成的。「冰凍三尺，非一日之寒」，因此，要對方改變看法也絕非一日之功。相反的，即使他當時表示了心悅誠服，你還要讓他回去好好想想。因為積習難改，當面服了，回去細想之後可能還會出現反駁。如果真是如此，千萬不能指責對方是「當面一套，背後一套」。

正確的做法第一要耐心，第二要耐心，第三還是要耐心。

當你不能說服對方的時候，甚至被人搶白一頓後，不要生對方的氣，更不能生自己的氣。「算了，管這閒事幹什麼？」這種想法是不應該有的。

你要有長期做說服工作的準備。對於「成見」這座山，今天挖一個角，明天剷一塊土。逐步解釋一些細節和要點，日積月累，「成見」就會漸漸被消除了。

你還應當擴大你的陣線。有時候，別人不難被你說服，但他身後存在著龐大的力量，被人慫恿幾句，想法又有改變，所以，你面對的可能不是一個人，而是一群人，有鑑於此，你應當從各方面增加自己的力量。如你可以給對方介紹一些有益的書籍，看一部好電影，也可以找一些與你見解相同的人一起幫你作說服工作。透過這一系列的工作，不但可從各側面幫助對方，而且對你也是一個進步，因為你也從多側面的工作中提高了自己。

說服與批評之間，既有相似相通之處，又有相異相悖之處。這是兩個有部分外延交叉重疊的概念。

說服與批評，都有對人施加想法影響，從心理上征服人的意圖。批評常輔以說服，批評離不開說服；說服有時也帶有批評，但說服不一定都帶批評。如推銷產品時，一般都是向對方大說好話，極少有批評顧客、買方的。被批評者，一般都有缺點、錯誤。批評的目的就是為了幫助對方改正。說服人接受你的主張，總要或多或少能給對方帶來一定的精神上或物質上的好處。說服的過程，就是宣傳這種好處，令對方信服。被說服者不一定有什麼缺點、錯誤，他放棄的主張與接受你宣傳的主張，不一定有正誤之分，可能只有全面、完美的程度之別。

批評的態度較嚴肅或嚴厲，說話的語氣也較重、較強硬；說服的態度較溫和，說服的語氣也較輕、較委婉。批評的話語，貶抑詞多於褒獎詞、否定詞多於肯定詞。說服的話語，褒貶皆可；根據說服的對象與內容的不同，有時褒多於貶，有時貶多於褒。如果進一步仔細分類，說服還可以再分為批評性說服與讚美性說服兩類。接受批評，可能會屬於自覺自願，也可能多少帶點勉強。接受說服，完全是自覺自願，不帶任何勉強。

解決矛盾糾紛、統一想法認知時，說服多於批評，協商多於命令，其結果是人際關係和諧，大家齊心團結向上，社交往來活躍。反之，則人際關係緊張，社交生活沉寂。雖然說服與批評皆不可少，但我們希望在一切社交場合，說服多一些，批評少一些。遇到矛盾分歧，盡可能多採用說服手段。

說服三部曲

1. **想要讓對方同意你的意見，第一步就是要設法先瞭解對方的想法與憑據來源：**曾經有一位很優秀的管理者這麼說：「假如客戶很會說話，那麼我已有希望成功地說服對方，因對方已講了七成話，那我們只要說三成話就夠了！」

事實上，大多數人為了要說服對方，就精神十足的拚命說，說完了七成，只留下三成讓客戶「反駁」。這樣如何能順利圓滿地說服對方？所以，應儘量將原來說話的立場改變成聽話的角色，去瞭解對方的想法、意見，以及其想法的來源或憑據，這才是最重要的。

2.先接受對方的想法：例如，當你感覺到對方仍對他原來的想法保持不變的態度，其原因是尚有可取之處，所以他反對你的新提議，此時最好的辦法，就是先接受他的想法，甚至先站在對方的立場發言。因為當一個人的想法遭到別人一無是處的否決時，極可能為了維持尊嚴或因嚥不下這口氣，反而變得更倔強地堅持己見，排拒反對者的新建議。若是說服別人淪落到這地步，成功的希望就不大了。

善於觀察與利用對方微妙心理，是幫助自己提出意見並說服別人的要素。一般來說，被說服者之所以感到憂慮，主要是怕「同意」之後，會不會發生意想不到的後果；如果你能洞悉他們的心理癥結，並加以防備，他們還有不答應的理由嗎？

至於令對方感到不安或憂慮的一些問題，要事先想好解決之道，以及說明的方法，一旦對方提出問題時，可以馬上說明。如果你的準備不夠充分，講話時模稜兩可，反而會令人感到不安。所以，你應事先預想一個引起對方可能考慮的問題。此外，還應準備充分的資料，給客戶提供方便，這是相當重要的。

3. **讓對方充分瞭解說服的內容：**有時，雖然有滿腹的計畫，但在向對方說明時，對方無法完全瞭解其內容，他可能馬上加以否定。另外還有一種情形是，對方不知道我們在說什麼，卻已先採取拒絕的態度，擺出一副不會被說服的模樣；或者眼光短淺，不聽我們說者也大有人在。如果遇到以上幾種情形，一定要耐心地一項項按順序加以說明。務求對方瞭解我們的真心目的，這是說服此種人要先解決的問題。

對不能完全瞭解我們說服的內容者，千萬不可意氣用事，必須把自己新提議中的重要性及其優點，一下打入他的心中，讓他確實明白。舉一個例子加以說明，假如你前往說服別人，第一次不被接受時，千萬不可意氣用事地說：「講也是白講！」、「講也講不通！浪費唇舌。」一次說不通就打退堂鼓，這樣是永遠沒有辦法使說服成功的。

說服的基本方法

有些人說服他人經常犯的毛病，就是先想好幾條理由，然後去和對方辯論；還有的是站

在長輩的立場上，以教訓人的口吻，指點別人該怎麼做。這樣一來，就是等於先把對方推到錯誤的一方，因此，效果往往不好。說服人的方法和技巧很多，以下幾種是比較實用和簡便的：

1. **用高尚的動機來激勵他**：在一般情況下，每個人都崇尚高尚的道德，都有起碼的認知覺悟和做人道德。所以，在說服他人轉變看法的時候，一個有效的辦法就是，用高尚的動機來激勵他。比如說這樣做將對公司帶來什麼好處，或將對家庭、對子女帶來什麼好處，或將對自己的威信有什麼影響……等等。這往往能夠很好地啟發他，讓他做應該做的事。

2. **用熱忱的感情來感化他**：當說服一個人的時候，他最擔心的是可能要受到的傷害，因此，在想法上先砌上了一道牆。在這種情況下，不管你怎麼講道理，他都聽不進去。解決這種心態的最有效的辦法就是，要用誠摯的態度、滿腔的熱情來對待他，在說服他的時候，要用情不自禁的感情來感化他，使他從內心受到感動，從而改變自己的態度。

3. **透過交換資訊促使他改變**：實踐證明，不同的意見往往是由於掌握了不同的資訊所造成的。有些人學習不夠，對一些問題不理解；也有些人習慣於舊的做法，對新的做法不瞭解；還有些人聽人誤傳，對某些事情有誤解……等等。在這種情況下，只要能把正確的資訊傳給他，他就會覺察到行為不是像原來想像的那麼美好，進而採納主管或說服者的新主張。

4.激發他主動轉變的意願：要想讓別人心甘情願地去做任何事，最有效的方法，不是談你所需要的，而是談他需要的，教他怎麼去得到。所以有人說：「撩起對方的急切意願，能做到這一點的人，世人必與他同在；不能的人，將孤獨終生。」

洞察別人的觀點並且在他心裡引起對某項事物迫切需要的願望，並不是要操縱他，使他做只對你有利而不利於他的某件事，而是要他做對他自己有利，同時又符合你的想法的事。這裡要掌握兩個環節：一是說服人要設身處地地談問題，要把別人的事當作彼此互相有利的事來加以對待；二是在促使他行動的時候，最好讓他覺得不是你的主意而是他自己的主意。這樣他會喜歡，會更加主動和積極。

5.用間接的方式促使他轉變：說服人時如果直接指出他的錯誤，他常常會採取防守態勢，並竭力為自己辯護。因此，最好用間接的方式讓他瞭解應改進的地方，從而讓他達到轉變的目的。所謂間接的方法是各式各樣的，如把指責變為關懷；用形象的比喻來加以規勸；避

開實質問題談相關的事；談別人的或自己的錯誤來啟發他；用建議的方法提出問題……等等。這就要靠主管根據實際情況創造性地加以運用。

6.提高對方「期望」的心理：被說服者是否接受意見，往往和他心目中對說服者的「期待」心理有關。說服者如果威望高，一貫言行可靠，或者平時和自己感情好，覺得可以信賴，就比較願意接受他的意見；反之，就有一種排斥心理。所以作為主管，平時要注意多與部屬交往，和他們建立深厚的感情，這樣在工作的時候，就能變得主動有力。

說服的四個步驟

有一次，卡內基突然同時接到兩家研習機構的演講邀請函，一時之間，他無法決定該接受哪家的邀請。但在分別和兩位負責人洽談過後，他選擇了後者。

在電話中，第一家機構的邀請者是這樣說的：「請先生不吝賜教，為本公司傳授說話的技巧給中小企業管理者。由於我不太清楚您所講演的內容為何，就請您自行斟酌吧。人數大約不超過一百人……萬事拜託了！」

卡內基認為，這位邀請者說話時平淡無力，缺乏熱忱。給人的感覺，便是一副為工作而工作的態度，讓人感受不到絲毫的熱情，也讓他留下相當不好的印象。此外，對方既沒明確地提示卡內基應該做什麼、要做到什麼程度，也沒有清楚交代聽眾人數，教他如何決定演講內容呢？對此，卡內基自然沒有什麼好感。

而另一家機構的邀請者則是這樣說的：「懇請先生不吝賜教，傳授一些增強中小管理者說話技巧的訣竅。與會的對象都是擁有五十名左右員工的企業管理者，預定聽講人數為七十人。因為深深體悟到心意相通的時代離我們越來越遙遠，部屬看上司臉色辦事的傳統陋習早已行不通。因此，此次懇請先生蒞臨演講的主要目的，是希望讓所有與會研習者明白，不用語言清楚地表達出自己想法的人，是無法成為優秀的管理人才。並且希望您演說時間能控制在兩個鐘頭左右，內容鎖定在：一、學習說話技巧的必要性；二、掌握說話技巧的好處；三、說話技巧的學習方法這三方面，希望能帶給大家一次別開生面的演講。萬事拜託了！」

卡內基可以感覺到這家機構的邀請者明快幹練、信心十足，完全將他的熱情毫無保留地

要別人改變的初衷，會讓他感到很不自在，很沒面子，如何說服別人，需要你好好想想。

傳達給了自己。更重要的是，對方在他還沒有提出問題的情況下，就解答了所有的疑問。因此，在卡內基的腦海裡立刻浮現出自己置身講臺的情景，並且很快就能夠想像出參加者的表情，以及自己該講述的內容等。顯然，這種邀請方式很能帶給受邀者好感。

顯然為了說服別人，是需要一定技巧的。其中最重要的是依循一定的步驟。

說服他人應按照什麼樣的程式來進行呢？大致有以下四個步驟：

1. **吸引對方的注意和興趣：**為了讓對方同意自己的觀點，首先應吸引勸說的對象將注意力集中到自己所設定的話題上。利用「這樣的事，你覺得怎樣呢？這對你來說，是絕對有用的……」之類的話轉移他的注意力，讓他願意並且有興趣往下聽。

為了不至於在開始時便出師不利，以下幾個要點請你務必好好掌握：

①留下良好的第一印象。也就是穿著得體、以禮待人，臉上保持誠懇的微笑。

②平時多留意自己的言談舉止，絕對要言行一致。

③主動與周圍的人接觸，建立良好的人際關係。

④再小的承諾也要履行，記住要言出必行。

⑤不撒謊，除了善意的謊言。

⑥提高與大眾溝通的能力。

2. **明確表達自己的想法：**具體說明你所想表達的話題。例如「如此一來不是就大有改善了嗎？」之類的話，更進一步深入話題，好讓對方能夠充分理解。

明白、清楚的表達能力是成功說服中不可缺少的要素。對方能否輕輕鬆鬆傾聽你的想法與計畫，取決於你如何巧妙運用你的語言技巧。

為了讓你的描述更加生動，少不了要引用一些比喻、舉例來加深聽者的印象。適切地引用比喻和實例能使人產生具體的印象；能讓抽象晦澀的道理變得簡單易懂；甚至使你的主題變成更明確或為人熟知的事物。如此一來，就能夠順利地讓對方在腦海裡產生鮮明的印象。

說話速度的快慢、聲音的大小、語調的高低、停頓的長短、口齒的清晰度……，都不能忽視。除了語言外，你同時也必須以適當的表情、肢體語言來輔助。

3. **動之以情：**透過你說服對方的內容，瞭解對方對此話題究竟是否喜好、是否滿足，再順勢動之以情或誘之以利告訴他，「倘若遵照我說的去做，絕對省時省錢，美觀大方，又有銷路……」不斷刺激他的欲望，直到他躍躍欲試為止。

說服前必須能夠準確地揣摩出對方的心理，才能夠打動人心。如：他在想什麼？他慣用

的行為模式為何？現在他想要做什麼等。一般而言，人的思維行動都是由意識控制，即使他人和外界如何地建議或強迫，也不見得能使其改變。

想要以口才服人的你，必須意識到說服的主角不是你而是對方。也就是說，說服的目的，是借對方之力為己服務，而非壓倒對方，因此，一定要從感情深處征服對方。

4. **提示具體做法：**在前面的準備工作做好之後，就可以告訴對方該如何付諸行動了。你必須讓對方明瞭，他應該做什麼、做到何種程度最好等等。到了這一步，對方往往就會很痛快地按照你的指示去做。

說服的基本技巧

1. **多製造見面的機會：**為了及早開始說服，你應該多製造一些機會與對方見面。人類都是如此，熟悉之後對方就會漸漸對你敞開心胸。當然，這其中無論是哪一次會面，你的表情和態度都要溫和豐富，千萬不可面無表情或態度惡劣，否則對方根本不會搭理你的。

你的談話不可以造成對方負擔，更不要讓他們產生反感。為了達到此一目的，切忌在談話一開始時就直接涉及說服主題，最好可以簡單談談其他話題。不過，這一點是可以依據對方的性格而進行調整的。千萬要注意的是，自始至終，你都應該保持溫和的態度，必要時可以順從對方。

想要讓對方留下良好的印象，在每次告別前的表現尤其顯得重要。在每次告辭之際，你要千方百計地讓對方感受到你很想再見到他們，不過最好不要直接說出來。即使之前的對話與你某些觀點仍有部分相違背，也不可讓對方留下壞印象。因此，告辭之際更要記得面帶笑容，記得與對方握手或揮手告別。這樣對方會覺得你這個人很溫和，很有禮貌，較容易產生想再進一步與你洽談的念頭。

如此一來，你的說服工作一切就緒，要不了多少工夫，對方就會「招架」不住你的攻勢而俯首稱臣，使你的說服大獲全勝。要記住，其中最主要的是掌握主動權。

2.充分利用彼此的相似因素：社會心理學認為，人際吸引中相似性是個重要的因素，它包括年齡與性別、社會地位、經濟狀況、教育水準、職業、籍貫、興趣、價值觀、信念、態度等的相似，其中以態度、信念和價值觀最主要。因為相似的人彼此容易溝通，較少因意見傳遞的困難而造成誤會和衝突。即使是初次見面，也有「相見恨晚」的親切感。所以，在

說服別人之前，要努力在雙方的經歷、志趣、追求、愛好等方面尋找共同點，誘發共同語言，為交際創造一個良好的氛圍，進而贏得對方的支援與合作。但這種「套交情」也要講求策略，否則，不看對象、時機地隨便「套交情」，很可能越「套」越遠。

3.重複法：即重複相同的內容。一再接收到相同的資訊，會讓人形成一種它們確實很重要的錯覺，因而將它們儲存下來。透過這種方式，對方就能對你的想法留下深刻的印象，並轉化成記憶保存起來。因此，優秀的說服高手，都會不斷地使用重複法。

重複法有兩種不同的操作模式，一是重複相同的語句；二是換湯不換藥，用不同的方式表達相同的意念。

①重複相同的語言：一而再，再而三地運用字義相同或相近的語言。比如，你的友人患了癌症，非得動手術才能存活下去。偏偏你的朋友十分怕動手術，這時你就必須說服他接受手術。為此，你得不停地重複告訴他「你想活下去，就得動手術，否則的話……還是儘快接受手術吧！」。

②用不同的方式重複相同的意念：如果老是重複相同的語句，弄不好反而讓人覺得你婆婆媽媽，不堪其擾。因此，變換方式來表達相同的意思，就能避免這種情況的發生。

比如，在上例中，你也可以說：「你想繼續活下去，對吧？如果你放棄的話，情況只會越變越糟！目前沒有比動手術更有效的方法了！你看看人家小李，手術後不是痊癒得很快嗎？如果你動了手術，也會跟他一樣。振作點，別再說喪氣話啦！」

4. 對應、對比：說服他人的時候，運用大肆渲染負面結果的手法是相當有效的，可以使你的勸說內容因此被襯托得更有分量。比如，當你想說服兒子好好讀書時，倘若能舉出讀書與不讀書會有哪些不同的後果，讓兒子清楚認識到讀書的好處，效果會更好。

5. 站在對方的立場思考：站在對方立場來看待問題確實不容易，但卻不是不可能。許多口才不錯的人都能確實做到這一點。因為若不如此做，說服成功的希望絕對是很小的。為達目的，說服高手們會不厭其煩，努力地從他人的角度來設想，並且樂此不疲。然而，他們也並非一開始就能做得很好，而是從一次次的說服過程中吸收經驗、記取教訓，不斷培養自己養成這種習慣，最後才達到輕易說動人的境界。因此，只要你願意，這並不是件天大的難事。

①先確認勸說到底為了誰：說服他人，並不是為了自己，而是為對方著想。如果你心中有如此自覺，認為：「那是再自然不過的了。」你便握有成功之論。但能夠做到這一點的

要別人改變的初衷，會讓他感到很不自在，很沒面子，如何說服別人，需要你好好想想。

人卻寥寥無幾。在勸說時，幾乎所有的人都會忘記這個最基本的東西。因此，無論你學會多少技巧也無法順利成功，這就好比在不甚穩固的地基上，建築設計貼心、外觀精美的房屋，但房子卻隨時可能會傾倒。所以當你準備開始說服某人時，務必事先確認此次行動是為了誰。成功的勸說，是建立在為對方利益著想，這一點萬萬不可忘記。

②事先確認本身的勸說態度：在你企圖說服他人前，必須明白確定你究竟希望對方做出怎樣的行動。具體而言，這時的你只需考慮自己的想法，毋需顧忌對方的情況。試著直接披露你真正的想法吧，如此一來，你的勸說內容究竟是利己呢？還是在為對方著想？答案不言可喻。在此一階段請先要求自己做到坦白內心真正的想法。

③設身處地為對方設想：一般而言，之所以會造成將自己的意志強加給對方的局面，是因為沒有事先設想到對方會有哪些反應。請在進行說服前先假設自己是那位欲被說服的對象時，面對這樣的勸說會做何感想？

要完全避免將自己的意志強加到別人身上，你得事先做好充分的調查，其具體步驟如下：

第一，已經設定的勸說目標，自己是否能夠接受？

第二，若不能接受，別人能夠接受的程度為何？

第三，自己是否能夠接受自己常用的勸說方式？

第四，聽到什麼樣的勸說內容，你才肯付諸行動？

④ 將自己的真實想法與為對方考慮的想法做些調整：在弄清自己真正的目的後，如果貿然付諸實踐，依舊很容易招致失敗。因此，還必須再站在對方立場上考慮，同時加以研究。當然，由於立場不同，結果勢必會相互抵觸。那麼，兩者之間的差異究竟是什麼？是否能夠消除？如果不能消除又該怎麼辦？而能夠消除的具體方法到底是什麼？綜觀這些問題，其實只要你的頭腦裡存在「勸說是為對方著想」的觀念，一切自能迎刃而解。

6. 列出充足的理由打動對方：電影女主角鄭小娟，是個畫家而非專業的演員，儘管她初次上銀幕，但是塑造出來的人物形象光彩照人，給廣大觀眾留下十分深刻的印象。可是，一開始她並不願意參加演出，而是經丈夫姜先生高超的勸說技巧和充足的理由說服之後才接了戲。

鄭小娟是在一次偶然的機會，被導演看中的。當導演邀她拍片時，她以身體不好為理由，一口謝絕，且斬釘截鐵，沒有商量的餘地。後來，影片籌備工作就緒，就要開拍了，可女主角的缺仍沒著落。無奈，著急的導演只好到鄭小娟家再次動員。

這天恰好鄭小娟的丈夫一個人在家，聽了導演的來意，他一口答應下來。

鄭小娟回家後，瞭解了事情的經過，十分不高興，不住地埋怨丈夫自作主張。

她先生笑著說：「我代你應下演女主角是有足夠理由的。首先，雖然你從來沒有拍過戲，但各種藝術的規律是相通的，你不用為不懂表演藝術而擔心，只要用心去學就不會有困難；其次，這對你的事業很有好處，你要想在美術方面有所發展，也應該從姐妹藝術中汲取養分；另外，你趁拍電影和大夥一起出去走走，這自然要比一個人老待在家裡強得多，對你的身體也大有好處……。」丈夫充足的理由和曉之以理、動之以情的話語終於打動了她的心，於是她拋棄了顧慮，增強了勇氣，堅定了信心，欣然的接受了女主角這個角色，並且一舉成功。

說服的十五種技巧

1. **從稱讚和讓對方滿足著手：**華克公司承包了一件建築工程，預定於一個特定日期之前。在費城建立一幢龐大的辦公大廈，一切都照原定計劃進行得很順利。大廈接近完成階段，突然，負責供應大廈內部裝飾用銅器的承包商宣稱，他無法如期交貨。如果真是這樣的話，整幢大廈都不能如期交工，公司將承受鉅額罰金。

長途電話、爭執、不愉快的會談，全都沒效果。於是傑克先生奉命前往紐約，當面說服用銅器承包商。

「你知道嗎？在布魯克林區，有你這個姓名的，只有你一個人。」傑克先生走進那家公司董事長的辦公室之後，立刻就這麼說。

董事長吃驚：「不，我並不知道。」

「哦，」傑克先生說，「今天早上，我下了火車之後，就查閱電話簿找你的地址，在布魯克林的電話簿上，有你這個姓的，只有你一人。」

「我一直不知道，」董事長說。他很有興趣地查閱電話簿。「嗯，這是一個很不平常的姓，」他驕傲地說。「我這個家族從荷蘭移居紐約，幾乎有二百年了。」一連好幾分鐘，他繼續說到他的家族及祖先。當他說完之後，傑克先生就恭維他擁有一家很大的工廠，傑克先生說他以前也拜訪過許多同一性質的工廠，但跟他這家工廠比起來就差得太多了。「我從未見過這麼乾淨整潔的銅器工廠。」傑克先生如此說。

「我花了一生的心血建立這個事業，」董事長說，「我對它十分感到驕傲。你願不願意到工廠各處去參觀一下？」

在這段參觀活動中，傑克先生恭維他的組織制度健全，並告訴他為什麼他的工廠看起來比其他的競爭者高級，以及好處在什麼地方。傑克先生還對一些不尋常的機器表示讚賞，這位董事長就宣稱是他發明的。他花了不少時間，向傑克先生說明那些機器如何操作，以及它們的工作效率多麼良好。他堅持請傑克先生吃午餐。到這時為止，你一定注意到，傑克先生一句話也沒有提到此次訪問的真正目的。

吃完午餐後，董事長說：「現在，我們談談正事吧。自然，我知道你這次來的目的。我沒有想到我們的相會竟是如此愉快。你可以帶著我的保證回到費城去，我保證你們所有的材料都將如期運到，即使其他的生意都會因此延誤也不在乎。」

傑克先生甚至未開口要求，就得到了他想要的所有的東西。那些器材及時趕到，大廈就

在契約期限屆滿的那一天完工了。

用讚揚的方式開始，就好像牙醫用麻醉劑一樣，病人仍然要受鑽牙之苦，但麻醉卻能消除苦痛。要想改變一個人而不傷感情，不引起憎恨的話，應該學會從稱讚和讓對方感到滿足著手。

2. 巧妙地刺激對方的情緒或感覺：美國鋼鐵公司總經理卡爾，有一次請來美國著名的房地產經紀人約瑟夫・戴爾，對他說：「老約瑟夫，我們鋼鐵公司的房子是跟別人租的，我想還是自己有座房子才行。」此時，從卡爾的辦公室窗戶望出去，只見江中船來船往，碼頭密集，這是多麼繁華熱鬧的景致呀！卡爾接著又說：「我想買的房子，也必須能看到這樣的景色，或是能夠眺望港灣的，請你去替我物色一所相當的吧。」

約瑟夫・戴爾費了好幾個星期的時間來琢磨這所相當的房子。他又是畫圖紙，又是編預算，但事實上這些東西竟一點兒也派不上用處。

不料，有一次，他僅憑著兩句話和五分鐘的沉默，就買了一座房子給卡爾。

不用說，在許多「相當的」房子中間，第一所便是卡爾鋼鐵公司隔壁的那幢樓房，因為卡爾所喜愛眺望的景色，除了這所房子以外，再沒有別的地方能與它更接近了。卡爾似乎很

想買隔壁那座更時髦的房子，並且據他說，有些同事也竭力想買那座房子。

當卡爾第二次請約瑟夫去商量買房子之事時，約瑟夫卻勸他買下鋼鐵公司本來住著的那幢舊樓房，同時還指出，隔壁那棟房子中所能眺望到的景色，不久便要被一所計畫中的新建築所遮蔽了，而這所舊房子還可以保全多年對江面景色的眺望。

卡爾立刻對此建議表示反對，並竭力加以辯解，表示他對這所舊房子絕對無意願。但約瑟夫·戴爾並不申辯，他只是認真地傾聽著，腦子中飛快地在思考著，究竟卡爾的意思是想要怎樣呢？卡爾始終堅決地反對買那所舊房子，這正如一個律師在論證自己的辯護，然而他對那所房子的建材，建築結構所下的批評，以及他反對的理由，都是些瑣碎的地方。顯然可以看出，這並不是出於卡爾的意見，而是出自那些主張買隔壁那幢新房子職員的意見。

約瑟夫聽著聽著，心裡也明白了八九分，知道卡爾說的並不是真心話，他心裡其實是想買的，是他嘴上竭力反對的他們已經佔據著的那所舊房子。

由於約瑟夫一言不發地靜靜坐在那裡聽，沒有反駁他，卡爾也就停下來不講了。於是，他們倆都沉寂地坐著，向窗外望去，看著卡爾非常喜歡的景色。

約瑟夫曾對人講述他運用的策略：「這時候，我連眼皮都不眨一下，非常沉靜地說：

『先生，您初來紐約的時候，你的辦公室在哪裡？』」

他沉默了一會兒才說：「什麼意思？就在這所房子裡。」

約瑟夫等了一會兒，又問：「鋼鐵公司在哪裡成立的？」

他又沉默了一會兒才答道：「也是這裡，就在我們此刻所坐的辦公室裡誕生的。」

他說得很慢，我也不再說什麼。就這樣過了五分鐘，簡直像過了十五分鐘的樣子。我們都默默地坐著，大家眺望著窗外。

終於，他以半帶興奮的腔調對約瑟夫說：「我的職員們差不多都主張搬出這座房子，然而這是我們的發祥地啊。我們差不多可以說都在這裡誕生、成長的。這裡實在是我們應該永遠長駐下去的地方呀！」於是，在半小時之內，這件事就完全辦妥了。

並沒有利用欺騙或華而不實的推銷術，也沒有炫耀許多精美的圖表，這位房屋經紀人居然就這樣完成了他的工作。

原來約瑟夫·戴爾經過集中全部精神考察卡爾心中的想法，並根據考察的結果，很巧妙地刺激了卡爾的隱衷，使其內心的想法完全透露出來。他就像一個燃火引柴的人，以微小的

星火，觸發熊熊的烈焰。

3.以對方感興趣的人或事間接打動對方：一位推銷員奉命到印度去推銷公司經過數次談判都沒有談成的軍火生意。他事先給印度軍界的一位將軍電話，但隻字不提合約的事，只是說：「我準備到加爾各答去，這次是專程到新德里拜訪閣下，只見一分鐘的面就滿足了。」那位將軍勉強地答應了。

來到將軍的辦公室，將軍先聲明：「我很忙，請勿多佔時間！」冷漠的態度讓人覺得要談成這筆生意幾乎無望。

然而，推銷員說出的話，卻更讓人感到意外。「將軍閣下！您好。」他說，「我衷心向您表示謝意，感謝您對敝公司採取如此強硬的態度。」

「……」將軍莫名其妙竟一時語塞。

「因為您使我得到了一個十分幸運的機會，在我過生日的這一天，又回到了自己的出生地。」

「先生，您出生在印度嗎？」冷漠的將軍露出了一絲微笑。

「是的！」推銷員打開了話匣子，「二十五年前的今天，我出生在貴國名城加爾各答。

當時，我父親是法國密歇爾公司駐印度的代表。印度人民是好客的，我們一家的生活得到了很好的照顧。」

接著，推銷員又娓娓動聽地談了他對童年生活的美好回憶：「在我過三歲生日的時候，鄰居的一位印度老大媽送給我一件可愛的小玩具，我和印度小朋友一起坐在象背上，度過了我一生中最幸福的一天……。」

將軍被深深感動了，當即提出邀請說：「您能在印度過生日太好了，今天我想請您共進午餐，表示對您生日的祝賀。」

汽車駛往飯店途中，推銷員打開公事包，取出顏色已經泛黃的合影照片，雙手捧著，恭恭敬敬地層放在將軍面前。「將軍閣下！您看這個人是誰？」

「這不是聖雄甘地嗎？」

「是呀！您再仔細瞧瞧左邊那個小孩，那就是我。四歲時，我和父母一道回國途中，曾經十分榮幸地和聖雄甘地同乘一條船。這張照片就是那次在船上拍的。我父親一直把它當作最寶貴的禮物珍藏著。這次，我要拜謁聖雄甘地的陵墓。」

「我非常感謝您對聖雄甘地和印度人民的友好感情。」將軍緊緊握住了推銷員的手。

當推銷員告別將軍回到住處時，這宗大買賣已拍板成交。

他成功的秘訣是什麼呢？在不能正面說服的情況下，採用「智取」的策略，激起對方的興趣，間接打動對方。

4. 先獲得對方贊同的反應：有技巧的演說者，一開始便獲得對方贊同的反應。因此他便為聽眾設下心理的認同過程，使他們朝向贊同的方向前進。它像撞球場裡的撞球那般移動，將它往一個方向推動後，若欲使它偏斜，便需費些力量，欲將它推回相反的方向，則需費更大的力量。

心理的形態在這方面表現得很明顯。當一個人說「不」，而且真心如此時，他所做的又豈是所說的這個字而已。他整個都會收縮起來，進入抗拒的狀態。通常，他會有微小程度的身體上的撤退，或撤退的準備，有時甚至明顯可見。簡言之，整個神經、肌肉系統都戒備起來要抗拒接受。可是，相反的，一個人說「是」時，就絕無撤退的行為發生。整個身體是在一種前進、接納、開敞的狀態中。因而，從一開始我們愈能誘發「是」，便愈有可能成功地攫住聽眾的注意力。

在各種爭議中，不論分歧有多大、問題有多尖銳，總是會有某一共同的贊同點是讓彼此都產生心靈共鳴的。例如，大不列顛首相馬克米蘭向南非聯邦國會的兩院發表講演時，南非當局推行的是種族隔離政策，而他卻必須在立法團體之前陳述英國五個種族歧視的觀點。他是否一開始便對這種基本歧異展望一番？沒有。他開始時強調南非在經濟上有了不起的成就，對世界有重大的貢獻。然後他巧妙而機智地提出觀點歧異各根據真誠的信念而來。他的整場講演精妙無比，「身為不列顛國的一位公民，」首相說，「我企望給予南非支持和鼓勵，不過希望各位不介意我直言不諱：在我們自己的領土上，我們正設法給予自由人政治前途。這是我們至深的信念，我們無法在支援和鼓勵各位的當兒不違反自己的信念。我以為，我們應如朋友，不論誰是誰非，共同面對一個事實，那就是當今之世，我們之間存在歧異。」

不論一個人多堅決地想和演說者意見相左，像這樣的言論，也會使他確信演說的公正坦誠。假設麥克米蘭首相一張口便強調雙方政策上的差異，而不提出共同的贊同點，後果將一定很糟。

《想法的醞釀》這本書中在談到這個問題時指出：「有時，我們發現自己會在毫不抵抗、情緒毫不激動的狀況下改變了心理。但是人家若告訴我們說我們錯了，我們就會開始憎恨起這樣的譴責，硬起心腸來。在我們信仰形成的過程中，我們是極不留心的，可是遇有任何人表示與我們不同想法時，我們便會對自己的信仰滿懷不適當的狂熱。顯然，我們所珍愛的並非意念本身，而是遭受威脅的自尊……。這小小的『我』是人類事務中最緊要的一個詞，適當地加以考慮乃是智慧之始。我們喜歡繼續相信自己一向習於接受的事實，一旦我們的任何假設受到懷疑，其所激起的憎怒會導致我們所謂的『講理』，就是找出一大堆理由來繼續相信自己已經相信的。」

你的目標如果是說服，請記住動之以情比抒發自己的想法成效更大。要激起聽眾的情感，必先自己熱切。不管一個人能夠編造多麼精緻的詞句，不管他能搜集多少例證，不管他的聲音多柔和，手勢多優雅，倘使不能真誠講述，這些都只能是空洞耀眼的裝飾。要使聽眾印象深刻，先得自己有深刻印象。你的精神經由你的雙眼而閃亮發光，經由你的聲音而四面散發出去，並經由你的態度而自我抒陳，它便會與聽眾產生溝通，使聽眾漸漸信服。

5.從對方的觀點來看待事情：迪肯斯經常在他家附近的一處公園內散步和騎馬，他非常喜歡橡樹。因此，當他看到那些嫩樹和灌木，一季又一季地被一些不必要的大火燒毀時，覺得十分傷心。那些火災並不是疏忽的吸煙者所引起的，它們幾乎全是由那些到公園內去享受野外生活、在樹下煮蛋或烤熱狗的小孩們所引起的。有時候，火勢太猛，必須出動消防隊來撲滅。在公園的一個角落裡，立著一塊告示牌說，任何人在公園內升火，必將受罰或被拘留。但那塊牌子立在公園偏僻角落裡，很少人看到。迪肯斯到公園裡去騎馬的時候，其行為就像一位自封的管理員，試圖保護公家土地。剛開始的時候，他不會試著去瞭解孩子們的看法，一看到樹下有火，心裡就很不痛快，急於要做件好事，結果卻做錯了。他總是騎馬來到那些小孩子面前，警告說，他們可能會因為在公園內生火，而被關進監牢去。並以權威的口氣命令他們把火撲滅；如果他們拒絕，就威脅叫人把他們逮捕起來。迪肯斯說他自己只是盡情地發洩某種感覺，根本沒有想到他們的看法。

結果呢？哪些孩子是服從了，但是很心不甘情不願而憤恨地服從。等迪肯斯騎馬跑過山丘之後，他們很可能又把火點燃了，並且極想把整個公園燒光。

隨著年歲的增長，迪肯斯對做人處世有更深一層的認識，變得更為圓滑一點，更懂得從別人的觀點來看事情。於是，他不再下命令，他騎馬來到那堆火前面，說出了下面的這段話：「玩得痛快嗎？孩子們，你們晚餐想煮些什麼？我小時候自己也很喜歡生火，現在還是很喜歡；但你們應該知道，在公園內生火是十分危險的。我知道你們這幾位會很小心；但其他人可就不會這麼小心了。他們來了，看到你們生起了一堆火；因此他們也生了火，而後來回家時卻又不把火弄熄，結果火燒到枯葉，蔓延起來，把樹木都燒死了。如果我們不多加小心，以後我們這兒連一棵樹都沒有了。你們生起這堆火，就會被關人監牢內。但我不想太囉嗦，掃了你們的興。我很高興看到你們玩得十分痛快；但能不能請你們現在立刻把火堆旁邊的枯葉子全部撥開，而在你們離開之前，用泥土，很多的泥土，把火堆掩蓋起來，你們願不願意呢？下一次，如果你們還想玩火，能不能麻煩你們改到山丘的那一頭，就在沙坑裡生火？在那生火，就不會造成任何損害。真謝謝你們，孩子們，祝你們玩得痛快。」

這種說法有了很不同的效果！使得那些孩子們願意合作，不勉強，不憎恨。他們並沒有被強迫接受命令，使他們保住了面子。他們會覺得舒服一點，我們也會覺得舒服一點，因為我們先考慮到他們的看法，再來處理事情。

在個人問題變得極為嚴重的時候，從別人的觀點來看事情，也可以減緩緊張。澳洲南威爾斯的伊莉莎白•諾瓦克過了六個星期還沒有付出買汽車的分期付款。在一個星期五，負責她買車子分期付款帳戶的一名男子打電話來，不客氣地告訴她說：「如果在星期一早晨您還沒有繳出一百二十二塊錢的話，我們公司會採取進一步行動。」週末伊莉莎白沒有辦法籌到錢，因此在星期一一大早接到他的電話時，她聽到的就沒有什麼好話了。但是，她並沒有發脾氣，她以他的觀點來看這件事情。伊莉莎白真誠地抱歉給他帶來了很多的麻煩，而且說：「由於這並不是我第一次過期未付款，我一定是令您最頭痛的顧客。」

但他舉出好幾個例子，說明好些顧客有時候極為不講理，有的時候滿口謊言，更常有的是躲避他，根本不跟他見面。伊莉莎白一句話不說，讓他吐出心裡的不快。然後根本不需要她請求，他說就算她不能立刻付出所欠的款額也沒有關係，如果她在月底先付給他二十元，然後在她方便的時候再把剩下的欠款付給他，一切就沒有問題了。

因此，如果你想改變人們的看法，而不傷害感情或引起憎恨，請遵循這一規則：「試著誠實地從他人的觀點來看事情。」

記住：試著去瞭解別人，從他的觀點來看待事情就能創造生活奇蹟，使你得到友誼，減少摩擦和困難。別人之所以那麼想，一定存在著某種原因。查出那個隱藏的原因，你就等於擁有解答他的行為、也許是他的個性的鑰匙。如果你對自己說：「如果我處在他的情況下，我會有什麼感覺，有什麼反應？」那你就會節省不少時間及苦惱，並大大增加你在做人處世上的技巧。

6. 讓對方從被動接受轉為主動思考：口才專家總結了許多說服別人的秘訣，有些是很值得借

鑒的，主要有以下幾點：

①以事喻理：道理的「理」性愈強，愈要注意讓事實講話、佐證，否則就會因教育對象缺乏感性體驗，影響對「理」的理解、消化和吸收。用事實充實大道理，還可以避免說大話、空話，聯繫實際把道理講清楚。現在一些大道理所以讓人聽不進，就在於講得虛。

②以小見大：想法是有差別、有層次的，講道理也應有層次。缺少層次，一下子跨越幾個台階，會讓人感到道理離得很遠，接受不了。說服者應擅長在小事情中講蘊含著的大道理，於近邊的事情裡談可望及的遠道理，於淺表事情中挖掘可觸摸的深切道理。

③反詰設問：把大道理分解成若干個問題，用問話提出。一則引發興趣，啟發大家共同思考；一則用以創造一種平等和諧的氣氛，使人覺得不是在灌輸大道理，而是在共同探討問題。這種方法，改聽為想，改被動接受為主動思考，在拋磚引玉、換位思考中，讓「繫鈴」人自己「解鈴」。

④迂迴引導：正面一時講不通，不妨來個「旁敲側擊」。講好大道理很重要的一點是要學會剝繭抽絲，逐步引導，層層深入，最後「圖窮匕見」，將大家的想法統一和昇華到一個新的高度。有時也可借題發揮，講出「醉翁之意不在酒」的道理。這樣可以避免把講道理變成簡單的演繹論證，使說服對象易於接受。

⑤理在情中：有時講大道理，說服對象並非對道理本身不接受，而是與講道理的人感情上合不來。這時講道理的人要擅於聯絡感情，要注意反省自己有無令對方反感的地方，及時克服和糾正。尤其當對方抵觸反感情緒較大時，首先要以誠相待，要在理解、尊重、關心的原則基礎上，再講道理。

⑥巧用名言：一句含有哲理的名人格言可以發人深省，給人啟迪。現在有不少青年人，對名人與名人名言有一種崇拜感。把大道理與名人名言巧妙地結合，可以把大道理講得耐人尋味，富有吸引力。

⑦談心交流：「大鍋飯不覺香」，講大道理僅靠在課堂上和公共場合講，受當時環境氣氛的影響，有些朋友可能聽不進。出現這種現象，有時就要開「小鍋飯」，選擇一個恰當的場合，與對方真誠、平等地談心交流。

⑧語言感染：以適應對方的「味口」為出發點，充分發揮口語的魅力，把道理講得有聲有色，生動活潑。美妙的語言是大道理磁石般的外殼，它能吸引聽眾去深入理解「內核」。要做到這一點，首先要樹立自信心，相信正確道理的威力；其次，要注意語言的訓練，努力提高表達的技巧。

⑨點到為止：話講得囉嗦就讓人厭煩，聽不進去。有些人生怕人家聽不懂，翻來覆去地講同一個道理，結果適得其反。正確的方法是，應該視情況因人出發，針對實際把握要講的內容，該講的一定要「點到」，同時又要注意留下充分思考的時間，讓對方去領悟、消化。

⑩言行結合：有時對方之所以不服，很重要的一條就在於講道理的人自己做得不好。「做」得好才能贏得「講」的資格。把單純地講道理變成見諸於行動的邊講邊做，讓人在「看服」中更好地信服，自覺地接受大道理。只有這樣，才能收到「此時無聲勝有聲」的最佳效果。

7.把你的希望和願望變成對方的：尤金‧威森為一家專門替服裝設計師和紡織品製造商設計花樣的畫室推銷草圖，一連三年，威森先生每個星期都去拜訪紐約一位著名的服裝設計家。「他從不拒絕接見我，」威森先生說，「但他也從來不買我的東西。他總是很仔細地看看我的草圖，然後說：『不行，威森，我想我們今天談不攏了。』」經過一百五十次的失敗，威森終於明白自己過於墨守成規；於是他下定決心，每個星期撥出一個晚上去研究做人處世的哲學，以發展新觀念，創造新的熱忱。

不久，他就急於嘗試一項新方法。他隨手抓起六張畫家們未完成的草圖，衝入買主的辦公室。「如果你願意的話，希望你幫我一個小忙，」他說，「這是一些尚未完成的草圖。能否請你告訴我，我們應該如何把它們完成才能對你有所幫助？」

這位買主默默看了那些草圖一會兒，然後說：「把這些圖留在我這兒幾天，然後再回來見我。」

三天以後威森又去了，獲得他的某些建議，取了草圖回到畫室，按照買主的意思把它們修飾完成。結果呢？全部被接受了。

從那時候起，這位買主已訂購了許多其他的圖案，這全是根據他的想法畫成的——而威森卻淨賺了一千六百多元的傭金。「我現在明白，這麼多年來，為什麼我一直無法和這位買主做成買賣，」威森說，「我以前只是催促他買下我認為他應該買的東西。我現在的做法正好完全相反。我鼓勵他把他的想法交給我。他現在覺得這些圖案是他創造的，確實也是如此。我現在用不著去向他推銷。他自動會買。」

8.強調最大最關鍵的理由：多年以前，拿破崙·希爾曾應邀向俄亥俄州監獄的受刑人發表演說。他一站上講臺，立刻看到眼前的聽眾之中有一位是他在十年前就已認識的朋友比爾，

他是一位成功的商人。

希爾演講完畢後，和比爾見了面，談了一談，發現他因為偽造文書而被判二十年徒刑。聽完他的故事之後，希爾說：「我要在六十天之內使你離開這裡。」

比爾臉上露出苦笑，回答說：「我很佩服你的精神，但對你的判斷力卻深感懷疑。你可知道，至少已有二十位具有影響力的人士曾經運用他們所知的各種方法，想使我獲得釋放，但一直沒有成功。這是辦不到的事！」

大概就是因為他最後的那句話——「這是辦不到的事」——向希爾提出了挑戰，他決定向比爾證明，這是可以辦得到的。

希爾回到紐約市，請求他的妻子收拾好行李，準備在哥倫布市——俄亥俄州立監獄所在地——停留一段不確定的時間。

希爾的腦海中有一項「明確的目標」，這項目標就是要把比爾弄出俄亥俄監獄。他從來不曾懷疑能否使比爾獲釋。他和妻子來到哥倫布市。

第二天，希爾前去拜訪俄亥俄州長，向他表明了此行的目的。希爾是這樣說的：「州長先生，我這次是來請求你下令把比爾從俄亥俄州立監獄中釋放出來。我有充分的理由，請求你釋放他。我希望你立刻給他自由，但我準備留在這兒，等待他獲得釋放，不管要等待多久。在服刑的期間，比爾已經在俄亥俄州立監獄中推出一套函授課程，你當然也知道這件事：他已經影響了俄亥俄監獄中二千五百一十八名囚犯中的一千七百二十八人，他們都參加了這個函授課程。他已經設法請准獲得足夠的教科書及課程資料，而使得這些囚犯能夠跟得上功課。難得的是，他這樣做並未花費州政府的一分錢。監獄的典獄長及管理員告訴我說，他一直很小心地遵守監獄的規定。當然了，一個能夠影響一千七百多名囚犯努力學習的人，絕對不會是個壞傢伙。我來此請求你釋放比爾，因為我希望你能指派他擔任一所監獄學校的校長，這將可使得美國其餘監獄的十六萬名囚犯獲得向善向學的良好機會。我準備擔負起他出獄後的全部責任。這就是我的要求，但是，在您給我回答之前，我希望您知道，我並不是不明白，如果您將他釋放之後，您的政敵可能會藉此機會批評您。事實上，如果您將他釋放，而且，您又決定競選連任的話，這可能會使您失去很多選票。」

俄亥俄州州長維克・杜納海先生緊握住拳頭，寬廣的下巴顯示出堅定的毅力。他說：「如果這就是你對比爾的請求，我將把他釋放，即使這樣做會使我損失五千張選票，也在所不惜。……」

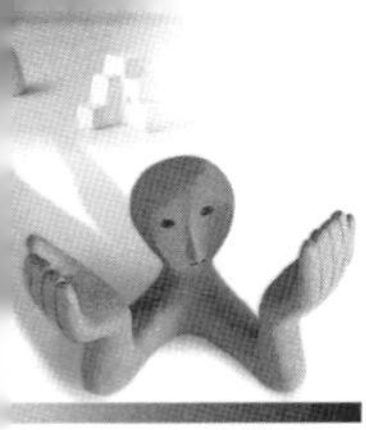

這項說服工作就此輕易完成了，而整個過程費時竟然不超過五分鐘。

三天以後，州長簽署了特赦狀，比爾走出監獄的大鐵門，他再度恢復了自由之身。

希爾先生之所以能夠成功地說服州長，和他的周密考慮和精心安排是分不開的。希爾事先瞭解到了，比爾在獄中的行為良好，對一千七百二十八名囚犯提供了良好的服務。當他創辦了世界上第一所監獄函授學校時，他同時也為自己打造了一把打開監獄大門的鑰匙。

既然如此，那麼，其他請求保釋比爾的那些大人物，為何無法成功地使比爾獲得釋放呢？他們之所以失敗，主要是因為他們請求州長的理由不充足。他們請求州長赦免比爾時，所用的理由是，他的父母是著名的大人物，或者是說他是大學畢業生，而且也不是什麼壞人。他們未能提供給俄亥俄州長充分的動機，使他能夠覺得自己有充分的理由去簽署特赦狀。

希爾在見州長之前，先把所有的事實研究了一遍，並在想像中把自己當作是州長本人想法一遍，而且弄清楚了，如果自己真的是州長，什麼樣的說辭才最能打動這位州長的心思。

希爾是以全美國各監獄內的十六萬名男女囚犯的名義來請求釋放比爾的。因為這些囚犯可以享受到比爾所創辦的函授學校的利益。他絕口不提他有聲名顯赫的父母，也不提自己以前和他的友誼，更不提他是值得我們幫助的人。所有這些事情都可被用來作為請求保釋他的最佳理由，但和下面這個更大、更有意義的理由比較起來，就顯得沒有太大的意義。這個更大、更有意義的理由是，他的獲釋將對另外的十六萬名囚犯有莫大的幫助，因為他獲釋之後，將使這些囚犯享受到他所創辦的這個函授學校的好處。因此，希爾成功了。

9. 以給對方幫忙的形式提出請求：已故的哈伯博士原是芝加哥大學的校長，也就是他那一時代最好的一位大學校長，他喜愛籌募數額龐大的基金。

一次，哈伯先生需要額外的一百萬美元來興建一座新的建築物。他拿了一份芝加哥百萬富翁的名單，研究他可以向什麼人籌募這筆捐款。結果他選了其中兩個人，每一個都是百萬富翁，而且彼此都是仇恨很深的敵人。

其中一位當時是擔任芝加哥市區電車公司的總裁。哈伯博士選了一天的中午時分——因為，在這時候，辦公室的人員，尤其是這位總裁的秘書，可能都已外出用餐了——悠閒地走人他的辦公室。對方對於他的突然出現，大吃一驚。

哈伯博士自我介紹說道：「我叫哈伯，是芝加哥大學的校長。請原諒我自己闖了進來，但我發現外面辦公室並沒有人，於是我只好自己決定，走了進來。」

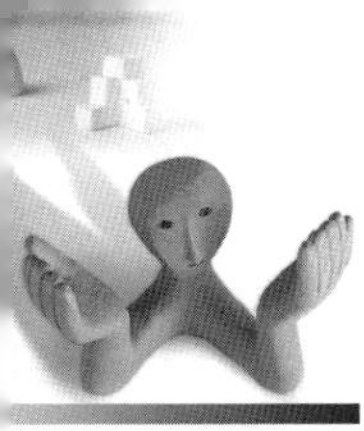

「我曾多次想到你，以及你們的市區電車公司。你已經建立了一套很好的電車系統，而且我知道你從這方面賺了很多錢。但是，一想到你，我總是感覺到，總有一天你就要進入那個不可知的世界。在你走後，你並未在這個世界上留下任何紀念物，因為其他人將接管你的金錢，而金錢一旦易手，很快就會被人忘記它原來的主人是誰。」

「我常想到提供你一個讓你永垂不朽的機會。我可以允許你在芝加哥大學興建一所新的大樓，以你的姓名命名。我本來早就想給你這個機會，但是，學校董事會的一名董事先生卻希望把這份榮譽留給X先生（這位正是電車公司老闆的敵人）。不過，我個人在私底下一向欣賞你，而且我現在還是支持你，如果你能允許我這樣做，我將去說服校董事會的反對人士，讓他們也來支持你。」

「今天我並不是來要求你作成任何的決定，只不過是我剛好經過這兒，想順便進來坐一下，和你見見面，談一談。你可以把這件事考慮一下，如果你希望和我再談談這件事，麻煩你有空時撥個電話給我。」

「再見，先生！我很高興能有這個機會和你聊一聊。」

說完這些，他低頭致意，然後退了出去，不給這位電車公司的老闆表示意見的機會。事實上，這位電車公司老闆根本沒有任何機會說話，都是哈伯先生在說話，這也是他事先如此計畫的。他進入對方的辦公室只是為了埋下種子，他相信，只要時間來到，這個種子就會發芽，成長壯大。

果然，正如他所預想的那樣，他剛回到大學的辦公室，電話鈴聲就響了，是電車公司老闆打來的電話。他要求和哈伯博士碰個面，他獲得准許。第二天早上，兩人在哈伯博士的辦公室見了面，一個小時後，一張一百萬美元的支票已經交到哈伯博士的手上了。

為了清楚地展示哈伯先生的說服別人的高明之處。我們不妨再來做這樣的假設，他在和那家電車公司老闆見面後，開頭就這樣說：「芝加哥大學急需基金來建造大樓，我特地前來請求你協助。你已經賺了不少錢，你應該對這個使你賺大錢的社會盡一份力量才對（也許，這種說法是正確的）。如果你願意捐一百萬美元給我們，我們將把你的姓名刻在我們所要興建的新大樓上。」真是這樣，結果會如何呢？

顯然，沒有充分的動機足以吸引這位電車公司老闆的興趣。這句話也許說得很對，但他可能不願承認這一事實。

哈伯博士的高明之處就在於，他以特殊的方式提出說詞，而製造出機會。他使這位電車公司老闆處於防守的地位（似乎是哈伯在給他幫忙，而不是有求於他）。他告訴這位老闆說，他（哈伯博士）不敢肯定一定能說服董事會接受這位老闆想使他的姓名出現在新大樓的欲望，因為，他在那位老闆腦中灌輸了這個念頭：如果他不予捐款的話，他的對手及競爭者可能就要獲得這項榮譽了。

哈伯博士是位傑出的推銷員。當他請人捐款時，他總是先為自己能夠成功獲得這項捐款而鋪路。他先在請求捐款對象的腦海中埋下為什麼應該把錢捐出的一個充足的好理由；這個理由自然會向這個捐款對象強調捐款後的某些好處。通常，這種好處都是屬於商業上的。同時，它也會去吸引這個對象天性中的某些興趣，以促使他希望他的姓名能夠在他死後永垂不朽，而且，通常他總是要事先仔細思索出妥當的計畫，並運用高超的說服技巧來使這個計畫更臻完美妥善，再據此來加以進行勸導。

10.**偶爾採取沉默戰術同樣可以達到說服的效果：**大家都認為既是說服，當然就得憑藉好口才。其實，偶爾採取沉默戰術同樣可以達到說服的效果。沉默可以引起對方注意，使對方產生迫切想瞭解你的念頭。以下我們就來看看一個利用沉默成功說服的例子。

日本一家著名的電機製造廠召開管理員會議，會議的主題是「關於人才培育的問題」。

會議一開始，山崎董事就用他那特有的聲音提出自己的意見。

「我們公司根本沒有發揮人才培訓的作用，整個培訓體系形同虛設，雖然現在有新進職員的職前訓練，但之後的在職進修卻成效不彰。職員們只能靠自己的摸索來熟悉自己的工作，很難與當今經濟發展的速度銜接在一起，因而造成公司職員素質水準普遍低落、效益不高。所以我建議應該成立一個讓職員進修的訓練機構，不知大家看法如何？」

「你所說的問題的確存在，但說到要成立一個專門負責培訓職員的機構，我們不是已經有職員訓練了嗎？據我瞭解，它也發揮了一定的功用，我認為這一點可以不用擔心……」

「誠如社長所說，我們公司已經有組織，但它是否發揮實際作用了呢？實際上，職員根本無法從中得到任何指導，只能跟著一些老職員學習那些已經過時的東西，這怎麼能夠將職員的業務水準迅速提升呢？而且我觀察到許多職員往往越做越沒有信心、越做越沒幹勁。所以，我認為它的功能不彰，所以還是堅持……」

「山崎，你一定要和我唱反調嗎？好，我們暫時不談這個話題，會議結束後，我們再做一番調查。」

就這樣，一個月後公司主管們重新召開關於人才培訓的會議。這次社長首先發言。

要別人改變的初衷，會讓他感到很不自在，很沒面子，如何說服別人，需要你好好想想。

「首先我要向山崎道歉，上次我錯怪他了。他的提案中所陳述的問題確實存在。這個月我對公司的進行了抽樣調查，結果發現它竟然未能發揮應有的功效。因此，今天召集大家開會是想討論一下應該如何改變目前人才培育的方法，請大家儘量發表意見吧！」

社長的話一出口，大家就開始七嘴八舌地提出建議，但令人奇怪的是，這一次山崎董事卻始終一語不發地坐在原位，安靜地聆聽著大家的意見，直到最後他都沒說一句話。

會議結束以後，社長把山崎董事叫進社長辦公室晤談。「今天你怎麼啦？為什麼一句話也不說？這個建議不是你上次開會時提出來的嗎？」

「沒錯，是我先提出來的。不過上次開會我把該說的都說了，其實那無非是想引起社長你對這問題的重視罷了。現在目的已經達到，我又何必再說一次呢？還不如多聽聽大家的建議吧！」

「是嗎？不錯，在此之前我反對過你的提議，你卻連一句辯解也沒有。今天大家提出的各種建議都顯得很空洞，沒有實際的意義，反倒是你的沉默讓我感到這個問題帶來的壓力。這樣吧，這件事就交給你去辦好了！今天起由你全權負責公司的人才培訓工作。請你好好努力吧！」

「是，謝謝您對我的信任，我一定會努力把這件事做好！」

看了上面這個例子，你有何感想？這是個典型的沉默說服法成功的案例。如果你真能適時地利用沉默，有時發揮的作用可能反而要比說話來得大。

11.給對方體面的藉口：廣告人可以說個個都是找藉口的高手，當即溶咖啡在美國首度推出時，曾有這樣一段故事。公司方面本來預測這種咖啡的「簡單」、「方便」會大受家庭主婦的歡迎。沒想到事與願違，銷售並無驚人之處。姑且不論味道問題，大概是因為「偷工減料」的印象太強的關係，因為在美國，到此時為止，咖啡一直都是必須在家裡從磨豆子開始做起的飲料。只要注入熱水就能沖出一大杯來，怎麼看都似乎太過便宜了。

所以，廠商便從「簡單」、「方便」的正面直接宣傳，改為強調「可以有效利用節省下來的時間」的廣告戰略。所謂「請把節省下來的時間，用在丈夫、孩子的身上。」這種改變形象的作戰，去除了身為使用者的主婦們所謂「對省事的東西趨之若鶩」的內疚。因為「我使用速成食品，一點也不是為了自己的享樂，而是因為可以把節省下來的時間用到家人身上之故。」此後，銷售量年年急速上升，自是不在話下。

任何事物都有一體兩面。說到傳統，其背後的意思就是古板。只強調即溶咖啡的省事與便利，要完全去除其負面印象可說是相當困難的；但是，如果將「偷工」改變一種看法，就成了節省時間。總之，藉口強調偷工的反面意義，即溶咖啡便緊緊抓住了消費者的心。

12.明白自己所提建議的前因後果：在說服別人的時候，明白自己所提建議的前因後果，比把自己的觀點強加於人更有效。

比如，志豪、清水兩個人都是由妻子「掌握財權」，最近都感到日常開銷窘迫，都想增加自己的零用錢。

晚飯後，志豪約妻子外出散步。兩個人邊走邊聊。直到妻子說：「最近物價好像有些上漲……」

他感覺到機會來臨了，忙乘機說：「可不是嗎，你想想，上次加錢是什麼時候？好像已經很久了……你知道嗎？近來同事們都說我變小氣了，這樣是會影響到我的人際關係的。再這樣下去，我一定會受到大家的排擠。你也曾經在社會上工作，應該瞭解被人排擠的滋味吧！這樣絕對會影響到工作績效，我想你一定能瞭解並體諒我的苦衷！」

妻子想了想說：「是呀，好久沒有調整零用錢了，萬一影響工作就不好了。這樣吧，從這個月開始，每個月多給你二千元的零用錢吧！」

志豪說服的手段高明，因此進行得相當順利。相比之下，清水就遜色得多了。

為了給自己壯膽，他回家前先喝了幾杯，然後臉紅脖子粗地對妻子說：「聽著，從這個月開始零用錢再多給我二千元。你到底有沒有替我想想，現在這個樣子，酒不能喝、煙也不能抽，這怎麼行呢？總之，趕快給我加錢……」

清水的太太聞言不禁火冒三丈：「你說的是什麼鬼話！不是才剛加了錢嗎？你哪一天不是喝得醉醺醺才回來，煙也抽得那麼凶，卻還說什麼沒煙抽、沒酒喝；還想加什麼錢呀！開玩笑，不行！」

清水的舌頭倒沒喝短，他馬上反擊道：「剛加錢？那已經是一年前的事了。喂，只要你少看幾場電影，不就多出二千元了嗎！」

太太生氣了，沒有說話。

清水看太太有些動怒，便軟化態度，溫和地說道：「好吧，那就加個一千元吧。」

清水的太太還是沒有說話……。

同樣是勸說妻子給自己增加零用錢，志豪輕易成功了，清水卻引發了一番爭吵，這是為

什麼呢？因為清水的勸說根本沒有表達出勸說的真義，反而只是一味地企圖將自己的想法強加給對方，太太無法完全理解丈夫的要求加錢的理由。而志豪將自己在公司的狀況明確地告訴妻子，讓妻子瞭解到這種狀況如果持續下去對於她也是相當不利的。於是太太細思後發覺如不增加丈夫的零用錢，的確會使家庭和自己的利益受損。於是，很爽快地答應了。

13.組織好開頭幾句話：你要與你的經理進行一次面談，你想讓他同意你改變所在部門現有的工作內容和程序。

「我認為我們的工作中存在一個問題，可以和你談談幾分鐘嗎？」這肯定不是好的開頭。

「約翰，我有一個能增強部門效率的主意，什麼時候有空我們討論一下吧？」這要好得多。

在策劃開場白時我們需要想一想對方有什麼理由要聽我們說。在開頭幾句話裡就應該把對方能從中領略的實惠、理由和動機考慮進去。

還有，把你打算用在重要會見中的開場白記錄在桌上也是個不錯的主意。有人擔心一旦寫下來再說的時候會顯得生硬或不自然，一位專家認為情況剛好相反！

很多銷售人員會激烈反對把產品用途說明記下來，理由如下：

「那會使我說起話來像是在讀劇本。」

「那會使我對顧客提的問題無言以對。」

「如果顧容不按我記下的步驟走怎麼辦？」

這樣類似提綱似的東西在我們日常談話中都有。在接電話的時候——一般情況下——你會聽到他們總是在說同樣的話，用同樣的語調和變化。

劇中的演員都是有腳本的。他們對什麼時候該說什麼一清二楚，可並沒見他們把話說得乾巴巴的呀！知道要說什麼之後我們才能把注意力集中在如何說好它們上。

我們也清楚，另外有些演員有著同樣的腳本，表演效果卻不同。瞭解談話可能的走向，能使我們有針對性地考慮怎樣回答，做何聲明，這都是我們應當周密安排的。

在重要的談話之前我們應當練習開場白。重要的是要考慮怎樣說出開頭的幾句話，用什麼聲調，語速的快慢等等。在任何談話或做說服工作時都應該在一開頭就稱呼對方的姓名。如果在談話開始時我們沒能得知或很快就忘記了對方的名字，那就很難用這個名字來組織我

要別人改變的初衷，會讓他感到很不自在，很沒面子，如何說服別人，需要你好好想想。

們要說的話，這樣的說服效果就往往不理想。

14. 以讚美的方式勸說：在飯店裡，我們聽見過服務生在服務中經常使用這樣的語句：「先生，請允許我推薦一種特別好的葡萄酒，對那些精於品評美酒的人是再合適不過了。是有一點兒貴，不過我想您會喜歡的。您願意嚐嚐嗎？」

這樣讚美我們的成熟品味的鑑賞力，我們怎能拒絕？我們不能，而且價格因素增加了葡萄酒的誘惑力，我們透過向周圍人顯示有能力消費生活中的奢侈品而使自己的能力表現需求得到了滿足。

有一天晚上，在一家義大利餐館，一位顧客要了一瓶白葡萄酒，老闆對他說：「你點得好極了，先生。那麼上主菜時你願意用哪種酒呢？」

我們相信，顧客原只打算要一瓶葡萄酒，而現在他還得要一瓶紅葡萄酒與主菜相配。他被說服了。

為了達到影響他人的目的而需要說些恭維的話時，我們一定要顯得誠懇，而且要注意只恭維他人的行為而不恭維他人本身。

15. 強調彼此是為了相同的目標而努力：為了說服對方，要盡可能使對方在開始的時候說「是的，是的」，盡可能不使他說「不」。

因為一個否定的反應是最不容易突破的障礙，當一個人說「不」時，他所有的人格尊嚴，都要求他堅持到底。也許事後他覺得自己的「不」說錯了；然而，他必須考慮到寶貴的自尊！既然說出了口，他就得堅持下去。因此一開始就使對方採取肯定的態度，是最最重要的。

這種強調彼此是為相同的目標而努力、使用「是，是」的方法，使得紐約市格林威治儲蓄銀行的職員詹姆斯・艾伯森挽回了一名即將失去的主顧約翰先生。

約翰要開一個戶頭。艾伯森先生就給他一些平常表格讓他填。有些問題他心甘情願地回答了，但有些他則根本拒絕回答。

在研究做人處世技巧之前，艾伯森一定會對約翰說：「如果您拒絕對銀行透露那些資料的話，我們就無法讓您開戶頭。」當然，像那種斷然的方法，會使自己覺得痛快，因為表現出了誰是老闆，也表現出了銀行的規矩不容破壞。但那種態度，當然不能讓一個進來開戶頭的人有一種受歡迎和受重視的感覺。

那天早上，艾伯森決定採取一點實用的普通常識。他決定不談論銀行所要的，而談論對方所要的。最重要的，他決定在一開始就使客戶說「是」，「是」。因此，他不反對約翰先生，而是說：「您拒絕透露的那些資料，也許並不是絕對必要的。」

「是的，當然。」約翰回答。

「你難道不認為，把你最親近的親屬名字告訴我們，是一種很好的方法，萬一你去世了，我們就能正確並不耽擱地實現你的願望嗎？」艾伯森又問。

約翰又說：「是的。」

接著，他的態度軟化下來，當他發現銀行需要那些資料不是為了自己，而是為了客戶的時候，他改變了態度。在離開銀行之前，約翰先生不只告訴艾伯森所有關於他自己的資料，還在艾伯森的建議下，開了一個信託戶頭，指定他母親為受益人，而且很樂意地回答所有關於他母親的資料。

記住：若一開始你就讓對方說「是」，他就會忘掉你們爭執的事情，而樂意去做你所建議的事。

不可不慎的面子問題

第五章・批評不要讓人恨

批評別人的時候，往往會讓別人感到很沒面子。所以，批評他人的時候，一定要注意策略和技巧，讓別人在受到批評的時候，也不會對你產生忌恨。

向前走兩步

二次世界大戰期間，美國太平洋戰區司令官布萊德雷將軍有次奉命執行一次危險而緊急的任務。於是，他立刻召集了手下將士，排成一個長列。

「這次我們的任務既艱鉅又危險！」布萊德雷眼光瞟了大家一眼，「哪位願意冒險擔任這項任務，請向前走兩步……」

此時適逢一位參謀遞給他一項最新的戰報，於是布萊德雷和對方交頭接耳了片刻，等到他處理完戰報，再面對行列中的眾將士時，發現長長的隊伍仍是條直線，沒有一個人比旁邊的人多向前兩步。

他這時再也按捺不住了：「養兵千日，現在情況緊急，竟然一個人都沒有……」

「報告司令！」只見站在最前排的人滿臉委屈地說道：「我們……每個人都向前跨了兩步……」布萊德雷將軍意識到，自己錯怪了這隊勇敢的士兵。

在日常生活中，我們往往在沒分清青紅皂白時，就急著批評別人，等到發現傷害了人家，已為時太遲。

所以在批評別人之前，一定要先全面瞭解掌握情況。

批評他人的時候，一定要注意策略和技巧，讓別人不會對你產生忌恨。

要知道世人無完美之人

耀眼的太陽上也有黑子，吃五穀雜糧的人更不可能完美無缺，這是事實。令人遺憾的是，許多管理者總是期望他們的員工是一個完美的人，而且他們還花費大量時間去尋找他們的不足之處。

有一種情況確實難於處理，這就是你在多大程度上可以忍受員工的不足。你是否可以對他們的微小錯誤視而不見？當員工違背了你一直保持的做事標準時，你是否應當給予懲罰？你是否應當提醒員工注意他們的錯誤？這些問題確實令你左右為難。如果你裝視而不見，由此擔心員工趁機利用這一點，並使之繼續蔓延；如果你時時給予關注和處理，又擔心他們視你為多事之人，把你當作一個不管員工多麼努力而從不對他們表示滿意的完美主義者。你應當站在員工的一邊，對他人的缺點和不足表示容忍和理解，這是一個管理者的重要素質。絕不要動輒實施懲罰，或者營造出一種令人驚恐的氣氛。如果員工出現某一錯誤時，他們不用擔心自己即將遭受處罰，那他們勢必會更好地工作。員工在對管理者作出評判時，寬容型的管理者似乎更令他們接受。在許多公司裡，當員工出現某一問題時，事後的調查與追究是較普遍的一種做法。實際上，對於員工的錯誤，最好是從中總結更多的教訓而不是過於追究。

如果偶爾發生下面的事情，你應該寬容處之：

員工某一天遲到；

當你認為員工應當告訴你某一事情時，他們卻沒有；

某位員工丟失了一份重要的文件；

某一員工向顧客提供了一個錯誤資訊；

員工沒有積極主動地解決某一問題；

員工忘記了某一事情或違反了某一規則；

員工不顧制度而自行其事；

員工做錯了某一事情；

員工無意得罪了你。

當然，寬容也得有個限度。如果某位員工經常不斷地未能滿足你的標準和要求，並且最終導致很大的損失，這時，你作為管理者，則應當完全介入，並且採取相應的措施。

作為管理者，你的作用就是要保證事先制定的標準得以實現，並且以一種令人接受的方式去解決那些偏離標準的行為。如果你將自己視為一個評判他人行為的法官，讓自己不斷評價他人，那你將會與員工逐漸疏遠。你應當充當員工的一名顧問，讓他們對自己的行為和結果作出令人接受的判斷。

我們要經常評判某些行為，並且對那些以不同方式進行評判的員工給予寬容和容忍。當我們與員工一起工作時，關鍵是要找到你們各自價值的最大共同點。強制實施是毫不管用的。當今時代，你不可能迫使員工去改變那些令你無法角逐的東西，你只能制定一種制度和程序，讓員工根據你對他們的工作需要而自我檢視其價值和行為。在此過程之中，你必須保持適度的寬容和容忍。

冷靜處理部屬的錯誤

部屬做錯了事不要馬上對他發怒。因為部屬做錯事也是難免的，所以不能要求部屬一點錯不出，主管要細心分析他出錯的原因，要全面看待部屬。只能要求部屬少出錯，特別在重要環節上盡可能不出錯。若一旦在工作中出現了差錯，甚至造成一定後果時，主管一定要冷靜處理，千萬不能火上澆油。可以想像，沒有哪一個部屬希望自己的工作出現紕漏。因此，一般情況下，部屬做錯了事，主管應冷靜處理，不要急於批評，更不要對他發火。在這方面，有經驗的主管往往先以安慰和平息事態為主，然後再詳細瞭解情況，總結經驗教訓，除非確有必要，一般不要求部屬公開檢查，而是全面分析，考察部屬的行為。無數事實說明，部屬在捅了漏子、出了差錯以後，主管越是心平氣和、寬宏大量，部屬則越能自覺地檢查自己的過錯，竭力做好彌補工作。

當部屬頂撞自己時不要發怒。一個主管要成功地駕馭部屬。必須以德感人，以理服人，以能力和實力成績取信於人。因此，當部屬頂撞時，要特別冷靜，要多問問自己究竟錯在哪裡，千萬不要沉不住氣，急於把部屬壓下去。其實，採取壓服的辦法，到頭來只能是壓而不服，真正傷感情、丟面子的還是主管本人。

個人私事引起情緒不好時不要對部屬發怒。主管在家也可能是人父、人母、人兄、人姊，也有棘手的子女問題、家庭糾紛等煩惱的事。在實際生活中，有的主管同事修養極好，不論在家中與家人發生什麼矛盾，哪怕是吵得不可開交，但一進辦公室仍然像往日一樣，一點兒也看不出他心中的苦惱與不快。也有這樣的主管同事，一旦在家中遇到不順心的事，或與親友、與鄰居、與行人發生了摩擦，就把不快帶進辦公室，部屬一眼就能看出其神情嚴峻、餘怒未消，一反往日常態，這就令部屬心有餘悸，不得不小心翼翼地與他應對。後面一種主管，從本質上說，是缺乏修養和職業道德涵養的。尤其是在把家中產生的氣，發洩到與自己構成工作關係的部屬身上，這本身就是一件不道德的行為，是與合格主管的素質不相符的。

因此，每一個主管都應端正對部屬的態度，擺正自己與部屬的關係。如果一有氣就往部屬身上出，天長日久，定會遭到部屬的強烈反對，管理工作也就很難做好了。

儘量讓對方說話

大多數人要使別人同意他自己的觀點時，將話說得太多了，尤其是推銷員，常犯這種錯誤。儘量讓對方說話吧，他對自己事業和他的問題，瞭解得比你多。即使你在批評別人的時候，也要向對方提出問題，讓對方講述自己的看法。

如果你不同意他的看法，你也許會很想打斷他的講話。但不要那樣，那樣做很危險。當

他有許多話急著說出來的時候，他是不會理你的。因此你要耐心地聽著，抱著一種開放的心胸，要做得誠懇，讓他充分地說出他的看法。

使對方多說話，試著去瞭解別人，從他的觀點來看待事情，就能創造生活奇蹟，使你得到友誼，減少摩擦和困難。

記著，別人也許完全錯誤，但他並不認為如此。因此，不要責備他。試著去瞭解他，只有聰明容忍、特別的人才會這麼做。別人之所以那麼想，一定存在著某種原因。查出那個隱藏的原因，你就等於擁有解答他的行為、也許是他的個性的鑰匙。

試著忠實地使自己置身於他的處境。如果你對自己說：「如果我處在他的情況下，我會有什麼感覺，有什麼反應？」那你就會節省不少時間及苦惱。戴爾・卡內基指出：「若對原因發生興趣，我們就不太會對結果不喜歡。」

吉拉德・黎仁柏在他的《打入別人的心》一書評論說：「在你表現出你認為別人的觀念和感覺與你自己的觀念和感覺一樣重要的時候，談話才會有融洽的氣氛。在開始談話的時候，要讓對方提出談話的目的或方向。如果你是聽者，你要以你所要聽到的是什麼來管制你所說的話。如果對方是聽者，你接受他的觀念將會鼓勵他打開心胸來接受你的觀念。」

在批評的苦藥上加一層糖衣

一般人認為，遭受批評肯定是苦的，是一件丟面子的事，因為「苦」，受批評者往往會產生抵觸情緒，使批評的效果大打折扣，即批評的負效應。有些人能夠很恰當地把握批評的方法尺度，使批評達到春風化雨、甜口良藥也治病的效果。

美國南北戰爭時期，某下屬向林肯總統打聽敵人的兵力數量，林肯不假思索便答：「一百二十萬至一百六十萬之間。」部屬又問其依據何在，林肯說：「敵人多於我們三四倍。我軍四十萬，敵人不就是一百二十萬至一百六十萬嗎？」為了對軍官誇大敵情、開脫責任提出批評，林肯巧妙地開了個玩笑，借調侃之語嘲笑了謊報軍情的軍官。這種批評顯然比直言不諱的指斥要好多了。

其實，許多時候批評的效果往往並不在於言語的苛刻，而是在於形式的巧妙，正如一顆藥加上一層糖衣，不但可以減輕吃藥者的痛苦，而且使人很願意接受。批評也一樣，如果我們能在必要的時候給其加上一層「外衣」，也同樣可以達到「甜口良藥也治病」的目的。

身為父母，在責備孩子的時候也應該採用這一原則。毋庸置疑的，任何父母對孩子都有很高的期望，在很早便已替孩子的未來描繪好自己心裡所想的輪廓。實際上，這往往變成父母的一廂情願，孩子完全無意照他們的想法行事。每當面臨這種情況時，大多數的父母常忍不住如此責怪小孩：「你為什麼不聽我的話？」、「你現在不聽話，將來沒出息可別怨我！」

這些話能不能算是責備呢？誠如以上所強調，所謂責備乃是為了改變現況，使將來變得更好。若以這個觀點來看上面兩句話，顯然只是生氣的語言罷了。事實上，責備若單純地只是一種生氣的行為，人們就不需為它大傷腦筋了。在責備他人時，我們至少得考慮到三件事：

1. 如何使對方能率直接受？
2. 如何讓對方激起更高的意願？
3. 怎樣才不致傷及對方的自尊？

在責備他人之前若能先考慮到上列幾項，便不致使用過於嚴厲的話語，像翻舊帳般地施予對方無情的抨擊，即使對方是個孩子。

當責備的對象是小孩時，事前更必須瞭解到一項事實，那就是應讓小孩在挨罵時「明白自己為什麼挨罵」。當他們已經有了這種自覺後，身為父母者尚不知節制地逼他們俯首認罪、或者當眾羞辱，自然不可能出現好的後果。

此時，有兩點必須讓小孩知道：

1. 做那些事時父母會有哪些想法？
2. 做壞事時父母絕不會稍加寬容！

將這些事情交代清楚之後，下次責備孩子時，就能讓他從錯誤中學習，知道收斂、改變自己的行為。所以，責備絕非僅把想說的話說出口，如何讓對方接受更為重要。就像在工作場所指點部屬一樣，務必告訴對方缺點何在，使他願意改進，這才是責備的目的。

批評的實用技巧

1. **透過討論和誘導指責別人：**北卡羅萊納州王山市的凱薩琳・亞爾佛瑞德是一家紡紗工廠的工業工程督導。她職責的一部分，是設計及保持各種激勵員工的辦法和標準，以使作業員能夠生產出更多的紗線，而她們也能賺到更多的錢。

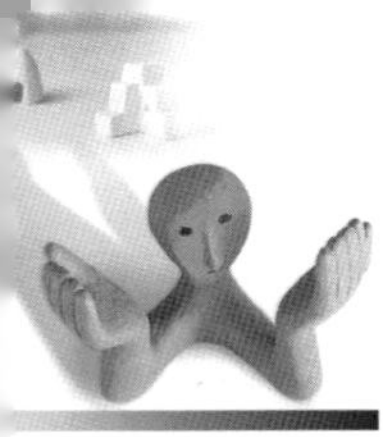

在他們只生產兩、三種不同紗線的時候，他們所用的方法還很不錯。但是不久前他們擴大產品專案和生產能量，以便生產十二種以上不同種類的紗線，原來的方法便不能以作業員的工作量而給予她們合理的報酬，因此也就不能激勵她們增加生產量。

凱薩琳已經設計出一個新的辦法，使他們能夠根據每一個作業員在任何一段時間裡所生產出來的紗線的等級，給予他們適當的報酬。

設計出這套新辦法之後，凱薩琳參加了一個會議，她決心要向廠裡的高級職員證明自己的辦法是正確的。她詳細地說明他們過去用的辦法是錯誤的，並指出他們不能給予作業員公平待遇的地方，以及她為他們所準備的解決辦法。但是，凱薩琳完全失敗了。她太忙於為自己的新辦法辯護，而沒有留下餘地，讓他們能夠不失面子地承認老辦法上的錯誤，於是她的建議也就胎死腹中。

在學習了幾堂卡內基訓練課之後，凱薩琳就深深地瞭解了自己所犯的錯誤。她請求召開另一次會議，而在這一次會議之中，她請他們說出問題到底出在什麼地方。他們討論每一要點，並請他們說出最好的解決辦法。

在適當的時候，凱薩琳以低調的建議引導他們按照自己的意思把辦法提出來。等到會議終止的時候，實際上也就等於是凱薩琳把自己的辦法提出來，而他們也熱烈地接受這個辦法。

凱薩琳說：「我現在深信，如果你率直地指出某一個人不對，不但得不到好的效果，而且還會造成很大的損害。你指責別人只是剝奪了別人的自尊，並且使自己成為不受歡迎的人。」

2. 先引起對方的興趣：查理是個自尊心很強的男孩子，每次老師出論文題目時他都很認真地去寫，成績也相當出色。但有一次老師發現查理的論文內容不好，沒有寫出他真正理解了的東西。怎麼辦呢？如果直截了當地說出來，會使查理非常難堪。於是老師心生一計，他把查理找來，絕口不提論文的事。而是問查理對什麼最有興趣？查理說最喜歡狗。老師說：「很湊巧，我也是個狗迷。」接著，他們從各個角度談起了狗，竟然談了一個半小時。到最後，查理說：「我應該換個主題來寫那篇論文，現在我差不多已經有了個新的構想，就是剛才我們談到的關於『寵物』的問題，我想這次我一定能把它寫好。」果然，查理的這篇論文，從「寵物熱」這一角度人手，分析了現代家庭問題，寫得相當出色。

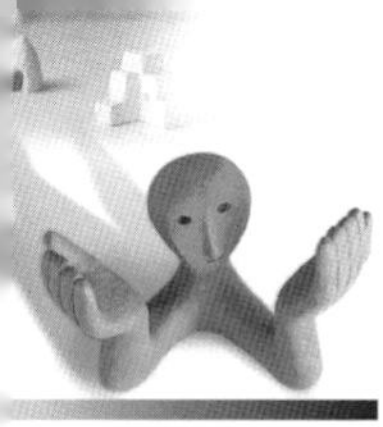

批評他人的時候，一定要注意策略和技巧，讓別人不會對你產生忌恨。

查理的老師沒有簡單地告訴查理論文需要重寫，而採取了鼓勵暗示的方法，從對方身上引出話題，讓他自發地暢談，最終達到其「自我否定、自我改善」的結果。這種指導方式既不致使對方不愉快，還會激起他新的興趣，充滿自信心地改正缺點和錯誤，這是批評人的一個良好模式。

3. 換個方法說：一位美國父親的記述讓我們佩服他說服兒子的技巧——

昨天晚上，我太太拿電話帳單給我看：「瞧瞧，兒子在我們去歐洲的時候，打了多少長途電話，」她指著其中一項，「單單這一天，這一通，就打了一小時四十分鐘。」

「什麼？這還得了！」我立刻準備上樓去說他。可是，才站起來，又坐下了，我想自己在氣頭上，還是不說的好。而且兒子這麼大了，我要說，也得有點技巧。

我把話忍到今天，中午吃飯的時候，我對兒子笑著說：「你馬上回學校了，查一查資料，找一家長途電話費費率最低的電話公司。」然後，又來個急轉彎，「咳，其實你上博士班，恐怕也沒有時間打，我是多操心了。」

「是啊，是啊，」他不好意思地說，「你是不是看到了我上個月的電話帳單？那陣子因為要回英國，一大堆事急著聯絡，所以確實打多了。」

吃完飯，我很得意，覺得自己把要說的「省錢、少打電話、別誤了功課」這些話，全換個方法說了，卻沒一點不愉快。

4.警告別人時不要指出缺點，而要強調如果糾正過來會更好：有位公司主管慨嘆糾正別人錯誤實在難，稍微提醒一下部屬，下屬不是猛然反抗，就是越變越壞。這位主管只是指出對方的缺點加以批評而已。

有位棒球教練在糾正選手動作時，不說「不對，不對」而說「大致上不錯，但如果再糾正一下……結果會更好。」他並非否定選手，而是先加以肯定再修正。也就是說先滿足對方的自尊心，然後再把目標提高。如果只是糾正、警告的話，只有徒然引起選手的反感，不會有何效果可言。

5.用類比的方法指出部屬的錯誤：張震將軍某日視察軍校，召集將、校軍官十餘人座談。某位連長發言時，將軍突然插話問：「一個戰士的津貼是多少？」

在座將校軍官皆沉默，竟無一人能答。

張震將軍沒有直接批評他們，而是把話鋒一轉，說道：「有個軍閥叫張宗昌，人稱三不知將軍，一不知自己有多少兵，二不知自己有多少枝槍，三不知自己有多少個小老婆。」在座將校聽了都面紅耳赤。

一次，張震將軍視察某校表現優良的隊伍。連長、指導員彙報道：「連隊四年達成目標，年年都是優等。」

張震將軍問連長：「你們達到什麼目標？」

連長支吾了。

又問指導員、教導員，也答不上來。再問團長，結果也一樣。

張震將軍生氣地說：「達到什麼目標都不知道，還達什麼目標？有個舊戲，叫《法門寺》，太后在上面一喊，下邊的人，不管聽懂還是沒有聽懂，也跟著『嗯』地答應一聲，然後一聲聲傳下去，一聲聲往下『嗯』。我們可不能搞法門寺作風。」

張震將軍透過類比的方法，對軍隊中的錯誤作風進行了尖銳的批評，既給官兵留了一定的面子，又把錯誤的性質點撥得人木三分，達到了很好的批評效果。

6. **用提問的辦法進行批評：**一九八九年年底，在紐約哥倫比亞大學物理樓，李政道博士為一百二十多名中國留學生作學術報告，可是坐在後排的學生有的不認真聽講，互相講話，李政道非常生氣，聲色俱厲地說：「請各位聽著，你們有這個機會再不聽的話，你是沒有前途的。你要自己尊重自己。你們考上中國與美國聯合招考的物理學研究生算得了什麼？你們考第一名又算得了什麼？難道中國青年就是這樣嗎？你們誰學了東西？請舉手。你們對得起自己嗎？你們必須努力。兩百年來中國人是受壓迫的，炎黃子孫是要抬頭的。你們是精英份子，你們必須尊重自己，你們是要對自己對國家負責的。」李政道對留學生的批評，連用了六個詰問，以引發大家的思考，使大家思之得之。

用提問的辦法進行批評，適用於善於思考、性格內向、各方面比較成熟的人，這些人一般都有一定的思考接受能力，對自己的過失，多數情況下可以自我省悟，把批評資訊傳給他們，他們就會加以注意並隨之在思考中認識到自己的錯誤。

7. 漸進式批評：漸進式批評就是逐漸輸出批評資訊，有層次地進行批評。這樣可以使被批評者對批評逐漸適應，逐步接受，不致於一下子談話結束，或因受批評背上沉重的想法包袱。

8. 請教式批評：有一個人在一處禁止捕魚的水庫內捕魚。遠處走來一位員警，捕魚者心想這下糟了。員警走近後，出乎意料，不僅沒有大聲訓斥，反而和氣地說：「先生，您在此下網，下游的河水豈不被污染？」這情景令捕魚者十分感動，連忙誠懇地道歉。若是員警當

初責罵他，那效果就不一樣了。

9.模糊式批評：某公司為整頓勞動紀律，召開員工大會。會上主管說：「最近一段時間，我們公司的紀律總體來說是好的，但也有個別同事表現較差，有的遲到早退，也有的上班時間聊天……」這裡，用了不少模糊語言：「最近一段時間」、「總體」、「個別」、「有的」、「也有的」等等。這樣，既照顧了面子，又指出了問題。它沒有指名實際上又是指名，並且說話又具有某種彈性。通常這種說法比直接點名批評效果更好。

10.安慰式批評：年輕的莫泊桑向著名作家布耶和福樓拜請教詩歌創作時，兩位大師一邊聽莫泊桑朗讀詩作，一邊喝香檳酒。布耶聽完說：「你這首詩，句子雖然有些坑坑巴巴，像塊牛蹄筋；不過我讀過更壞的詩。這首詩就像這杯香檳酒，勉強還能吞下。」這個批評雖嚴厲，但留有餘地，給了對方一些安慰。

11.委婉式批評：委婉式批評又叫間接式批評。一般都採用借彼批此的方法聲東擊西，讓被批評者有一個思考的餘地。特點是含蓄蘊藉，不傷被批評者的自尊心。

不可不慎的面子問題

第六章・與部屬的相處之道

不要以為部屬是你可以隨意挖苦和謾罵的對象，兔子急了都會咬人，更何況是人呢？部屬也可能是壞你好事的人，所以給他們留面子也是你通往成功之路需要注意的。

培養員工自尊的八大訣竅

在理性上，我們容易承認「失敗為成功之母」，但實踐中，我們常常避諱失敗，不能容忍錯誤，甚至苛求犯有過失的人。

希爾頓在選拔、使用人才方面做的很好。希爾頓飯店中的許多高級職員，大都是從基層逐步提拔上來的。由於這些人有豐富的經驗，所以經營管理很出色。

希爾頓對提拔的每個人都很信任，放手讓他們在作業範圍中發揮聰明才智，大膽負責地工作。如果他們犯錯誤，他常常單獨把他們叫到辦公室，先鼓勵安慰一番、告訴他們：「當年我在工作中犯過更大的錯誤，你這點小錯誤算不得什麼，凡是工作的人，都難免會出錯。」然後，他再客觀地幫他們分析錯誤的原因，並一同研究解決問題的辦法。他之所以對部屬犯錯誤採取寬容的態度，是因為他認為，只要企業的高層主管，特別是總經理和董事會的決策是正確的，員工犯些小錯誤是不會影響大局的。

如果一味地指責，反倒會打擊一部分人的工作積極性，從根本上動搖企業的根基。希爾頓的處事原則，是使全部的管理人員都願為他奔波效命，對工作兢兢業業，認真負責。這也許是他成功的一個秘訣。

不要以為部屬是你可以隨意挖苦和謾罵的對象，給他們留面子也是你通往成功之路需要注意的。

人們都喜歡在感覺良好的企業工作，《哈佛商業週刊》前任主編R・坎特預言：「最善於創造良好工作環境的企業，是能吸引並留住技能最優秀的員工。」

對於聽信這一預言的企業來說，現在就必須根除充滿隔閡、令人沮喪和不滿的工作環境，必須開辦培訓課程，教導管理者和員工如何共同營造提高自尊的工作氛圍。

具有強烈自尊心的人更能得心應手地處理生活中的問題。他們富有靈活性，更可能具有創造性和雄心勃勃，更可能締造積極的工作關係，更願意尊重他人，能更多地體驗到生活中的樂趣。但是，如何建立自尊？如何幫助別人培養自尊？以下介紹的八種行為訣竅或許對你有所幫助：

1. **讓員工感到被尊重：**要體現出對員工的尊重，就要對員工以禮相待，滿懷體諒地認真聆聽，並保持目光交流。應避免對員工說教，避免用一種居高臨下或嘲諷的口氣說話。絕大多數情況下，人們在生活中沒受到應有的尊重，因此也就不太善於尊重別人。更糟的是，自尊心差的人在充滿壓力的環境中往往變得武斷、急躁和出言不遜，把他們苦心培養起來的所有交流技巧忘得一乾二淨。不論環境如何，如果你對員工充滿惡意、瞧不起或缺乏尊重，就別指望員工能創造出卓爾不凡的業績。

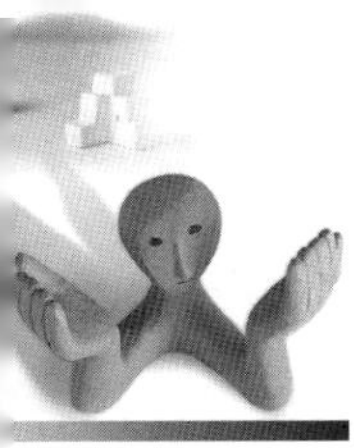

不要以為部屬是你可以隨意挖苦和謾罵的對象，給他們留面子也是你通往成功之路需要注意的。

2. **授權賦能**：「賦能」就是給予員工做好工作所需的知識和技能；「授權」就是支持員工自我負責。未經培訓，員工可能一事無成；失去責任感，員工往往只管做，而不願去動心思。被賦能的人對自己具有良好的感覺，因為他們有機會做出卓越的表現；被授權的人也具有良好的自我感覺，因為他們能對自己的一生負責，得到他們所需要的能量即他們的才華、智慧和資源，並展現出他們在許多方面能對自己的生活產生重要影響。

3. **言行和諧一致**：外在的言行與內心的感受相結合時，人的行為是和諧的。一致是指人的行為合乎自己的個性，而且合乎企業組織及個人的價值觀念。如果管理階層的言行不和諧一致，輕則引起員工的困惑，重則會失去員工的信任。你只有對員工表現真誠、坦誠不欺，才能在員工中贏得信賴。要是他們從不開誠佈公地和員工交流，又怎麼指望員工向他們敞開心扉？

4. **營造安全感**：在一個「安全」環境裡，人們感到他們可以暢所欲言，不必擔心受到嘲諷或譴責。他們感到可以放心承認「我犯了個錯誤」。李・亞科卡在他的《直言不諱》書中建議：「只有主管才能創造一種氛圍，讓員工可以放心地說出『我不知道』和『但我會弄明白的』這些富有魔力的字眼。」人們有了安全感後，自然會變得好奇。要是失去安全感，他們就會心懷戒備，變得矜持、膽小、牢騷滿腹。所有這些表現都不利於創造頂尖業績。其實，許多管理者都可以學會去創造一種更具安全感的工作環境，以激發員工主動進取、創造性地解決問題、公開交流和更富團隊精神。

5. **表明個人的處事原則：**多數員工從未學過如何確定同別人交往的尺度，從沒學過如何得體地提醒別人的過火行為、表示自己不能接受。任何過火行為都是不可接受的。每個人都有權制定自己的處事原則，在這方面你可以以身作則。有時，他們需要提醒出言不遜的員工：「你的行為我完全不能接受。再這樣下去你要後果自負。」對此，你所面臨的挑戰，是如何不卑不亢地表明自己的原則，以免傷害別人的人格或獨斷專行。

6. **查明員工業績滑落的原因：**任何行動，無論合適與否，始終與人們的下列行為息息相關：努力滿足需要、力求生存、自我保護、維持平衡及避免恐懼與痛苦。員工業績差強人意時，即實際業績與期望業績之間產生差距時，首先要努力瞭解業績出現差距的原因。採取措施糾正問題之前，應幫助自己和員工搞清楚對此有何看法。

7. **認真觀察員工的行為，然後給予建設性的回饋：**一種最有效的培訓方式是對員工的業績及時給予富有建設性的回饋。但是，如何提供建設性的回饋是一種經過學習才能得來的

技能。管理者應抓住一切可能的機會具體瞭解員工的業績強項，然後提出具體的業績改進回饋。對員工不應先入為主。員工得知這種不切實際的評價時，就會感到自己受到輕視，會心生不滿。

8. 培育員工的潛力，表彰傑出業績：自尊心不強的員工經常既害怕自己的缺點，也對自己的優點心存恐懼。缺點使人產生不成熟感，而優點則使人害怕因此而受到孤立或自己擔負責任。員工越是不敢正視自己的潛力，對管理者耐心的考驗就越大。正如加州塔斯公司的前任執行董事、《走在水上》一書的作者羅伯特・鮑爾博士所說：「要與人為善，因為你所遇到的每個人都在打硬仗。」

在工作場所增強員工的自尊心，這種觀念並非是一個可望而不可及的夢想。但要把它變為現實，每個人都必須致力於學習新技能和創造積極培養自尊的工作場所。

但如果我們懷疑員工時，也要給員工台階下的機會，其實更有利於自己的下台階。有一位電腦公司的總經理，長期以來一直懷疑採購部門的經理和國外的一些原料廠商互相勾結，因為事後發現採購回來的原料比別家貴不說，品質也不如別家的好。可是這個總經理雖然直覺發現不對，卻又無確實的證據可以檢舉，如果直接地去問採購經理，他一定不會承認的。

有一天早上，採購經理一上班，打開電腦開始工作，沒多久即夾起皮包匆匆外出，接著幾天都沒來上班。自然地，按照公司規定，如果員工多日曠職，公司可以曠職未到為由，予以解聘。

嘴角帶著一絲詭異笑容的總經理，很快地大筆一揮在人事部呈上來的公文上批了幾個鬥大的字：曠職解聘。

到底是怎麼回事？

原來這一天，採購經理一上班，即接到一封國外來的不具名的限時郵件，信是這麼寫的：「事情已經敗露，請小心。」

接著他發現自己的抽屜有被搜過的痕跡，抬起頭來又心虛地覺得總經理不時地投過來頗為奇怪的眼神，並且一直在他的桌子前面走來走去。

他的心一慌，就急忙忙地趁著大家不注意，什麼都來不及帶走，夾起了公事包就往外衝。自然地，事後冷靜下來，想要和國外廠商求證是誰發的信，也因為什麼也沒帶而無法聯絡了。

那封郵件是誰發的？自然是頭腦轉得快的總經理託人發的嘍！

批評有風險

批評是一劑瀉藥，它不好吃，也有風險，所以聰明的上司要慎用批評。批評不能像讚揚那樣隨便，一定要準備充分，證據十足，要一下子讓部屬心服口服。信口開河的批評，大發雷霆的責備都要儘量避免，因為這既不容易收到效果，又容易傷對方的心，不利於你協調好與部屬之間的人際關係。

要批評的對象大多是犯了錯誤，但又沒有認識到錯誤或認識不深刻的部屬，而對已經認識了錯誤，而又有悔改之意的部屬，要寬宏大量，不要批評。因為從效果來看，批評要達到的目的是讓人改正悔過，既然部屬已經認識到錯誤，再批評豈不多餘？寬宏大量會使他感激不盡。而指責他說不定會傷了感情，留下後患。

有一種情況是不宜用批評的，這就是大多數人都犯錯誤之時。中國有句成語：「法不責眾」，受批評的人多了，大家都會覺得無動於衷，每個人都會這樣想：「大家都這樣，又不是只有我一個人，為什麼……」，這時他們會覺得你嘮嘮叨叨，吹毛求疵，十分討厭，說不定還會「犯眾怒」。

那麼這時應該怎麼辦呢？聰明的上司這時應當用表揚。比如，總經理召開工作會議，只有財務部主任準時到達會場，而其他人全部遲到十五分鐘左右。總經理大為惱怒，但他沒有批評任何人，只是表揚了財務部主任，大大地讚揚他工作作風嚴謹。結果，其他人聽後都面帶愧色。這顯然是十分聰明的。在遲到的人中很可能有人確有正當理由，必然覺得冤枉要申辯。他一申辯，其他人也會申辯，結果不但達不到目的，還把大多數人得罪了。其實在場的，誰也不怕責罵，因為有這麼多人陪著，又不丟臉，一旦有人申辯，都會跟著起哄。若把「有正當理由的」和「沒正當理由」的部屬區別對待又不可能。所以，在這時表揚少數人是最佳的選擇，既表揚了好的，又壓抑了不好的，既沒有得罪大多數人，同時又痛打了他們的臉，叫他們有口難辯。

總之，應當記住一個原則，能用表揚的地方儘量不要用責罵。雖然有恩威並施的說法，

棍棒應當有，但不一定非要使用它。作為一種威懾力存在，它也同樣有作用。

批評部屬的四個原則

否定和批評部屬的過程，是上司與部屬意見溝通的過程。恰當的批評與否定，可使上下之間交流感情，進而齊心協力發揮最佳效能。否定和批評下級需要掌握的幾個原則：

1. **唯實原則**：上司批評部屬，要使他達到心悅誠服，沒有「以權壓人」，「以勢壓人」之感，必須做到以下幾點：

①實事求是：在否定和批評部屬時，事實要準確，責任要釐清，原因要查明，從實際出發，弄清事情的本來面目，不能隨心所欲，更不能以感情代替原則。這樣，部屬就會心服口服了。

②公正民主：只有公正，才能無私地否定和批評部屬。只有民主，才能使部屬有申辯的機會，實現雙向溝通。要保持公正民主，必須端正對部屬的態度。應關心、尊重、愛護和

不要以為部屬是你可以隨意挖苦和謾罵的對象，給他們留面子也是你通往成功之路需要注意的。

體貼部屬，要允許部屬講話、申辯和保留意見，這樣才能達到否定和批評的目的。

③強調部屬重要性：一般情況下，部屬對上司的批評會有抵觸心理，甚至由於叛逆心態而我行我素，其結果會適得其反。相反的，如果讓部屬感到上司重視他，就可以提高他的自尊和自信。在遇到批評的時候，也能以積極的態度來對待。

④自責在先：在批評部屬的同時應想到本身也有不可推卸的間接責任。因此，作為上司最好先自責，然後再指出部屬的錯誤，使部屬有和上司共同承擔責任的感覺，自然也就會產生愧疚之情。在以後的交談中，無論上司說深說淺，部屬都能接受。同時使上下級關係能夠變得融洽和諧。

2.唯事原則：正確的批評應該對事不對人。雖然被批評的是人，但絕不能搞人身攻擊、借機發洩情緒。作為上司應弄清事情的來龍去脈，同部屬一起分析問題的成敗得失，這麼一來，部屬會積極主動地協助上司解決問題。要形成「上司（批評者）——問題（要解決的事）——部屬（被批評者）」這樣一個含有具體仲介的結構。抽掉仲介，直接對人，當事人可能會吃不消。

3.因人而異：在現實生活中，做批評工作一定要考慮被批評對象的各種具體情況。

①職業：不同行業有著不同的批評要求，不同職務級別有著不同的否定藝術。一般講，隨著部屬工作熟練程度和行政級別的提高，批評的語言要求應更加嚴格。

②年齡：同樣的問題，對不同年齡的人批評是存在差別的。對年長的人，應用商討的口氣；對同齡人，可自由一些，對年齡小的下級；可適當增加一些開導的語句，批評可深刻些。

③知識閱歷：在批評部屬時，應根據對方的知識、閱歷深淺施以不同的語言藝術。對受過高等教育、知識和閱歷深的人要講清道理，只須蜻蜓點水，部屬便心領神會。相反，對知識和閱歷淺的人必須直截了當地講明利害關係，如果拐彎抹角，他們會「丈二和尚摸不著頭腦」。你應使部屬在接受批評的同時又有遇到知己的感覺。

④心理：主要指部屬的氣質、性格、對工作的興趣和自我控制能力。一般來講，對能夠改進缺點，認識錯誤的部屬，上司的批評是一支清醒劑，會使其加倍努力工作。相反的，對無視批評，屢教不改的部屬，管理者應在嚴厲批評的同時，採取一定的組織行政措施，以儆效尤。

4. **適度原則**：也就是說在否定和批評部屬時要把握分寸。你要考慮到部屬是同事而不是敵

不要以為部屬是你可以隨意挖苦和謾罵的對象，給他們留面子也是你通往成功之路需要注意的。

人，批評時的口氣要表現出一定的大家風範和君子氣派，對事情不要斤斤計較，可適當用一定的模糊語句口氣暫為權宜之策，只要能達到批評、教育的目的就可以。但是，既然是批評，語言就不能沒有一點分量，嘻嘻哈哈也就失去了批評的意義。你一定要在把握原則的基礎上掌握批評的分寸。

在批評和否定下級時，應掌握以下幾種基本方式：

①直接式：包括商討、命令和激將三種方法；

②間接式：包括詢問、旁敲側擊、迴避三種方法；

③綜合式：就是綜合運用直接式與間接式中批評部屬的各種語言藝術，處理複雜、困難問題的一種方法，屬更高一層的語言藝術。主要方法有：

①圍點打援法：一是對較大的問題「圍而不打」，然後從週邊清除各種障礙，最後解決掉「大問題」；二是對部屬的過失從根源上進行分析，幫助部屬解決想法上的根本問題；三是「避重就輕」。批評責任輕微者或其部屬，以震動主要責任者。

②釜底抽薪法：就是在正常的談話中突然駁倒部屬的邏輯支柱和錯誤的事實基礎，迫使其改弦更張，心服口服。

③趨勢外推法：就是根據事物的現實資料，尋求事物的變化與規律，推測事物未來狀況，進而批評和警戒部屬的一種方法。這種方法可以使上司避免「馬後炮」和短期行為。要點有二：一是在適當的時機暗示，勸阻部屬，做到防患於未然；二是根據部屬口述內容的發展，提前否定其尚未明確的結論，使其無以辯駁。

批評和否定部屬還要避免以下幾種消極的、簡單化的錯誤傾向：①捕風捉影；②言辭尖刻；③突然襲擊；④姑息遷就；⑤不分場合；⑥過於挑剔；⑦隨便傳揚；⑧絮絮叨叨。

間接提醒他人的失誤

戴爾・卡內基曾經指出：人類的天性是渴望被肯定，反感被否定。無論一個人錯得多麼離譜，在一百次中有九十九次，沒有人會責怪自己任何事。

世界著名的心理學家史京納以他的實驗證明，在學習方面，一隻有良好行為就得到獎勵的動物，要比一隻因行為不良就受到處罰的動物學得快得多，而且更能夠記住它所學的。人類也有著這同樣的情形。我們用批評的方式，通常並不能夠使別人進步，反而常常會引起憤恨。

另一位偉大的心理學家席萊說：「我們極希望獲得別人的讚揚，同樣的，我們也極為害怕別人的指責。」

毋庸置疑，這是人性的一個巨大的弱點，雖然未必合理，卻是不可改變的。所以，我們只有承認並尊重人性的這個弱點，想辦法繞開它，而不是去冒犯它。

做錯事的人只會責怪別人，而不會責怪自己。因此當你很想批評別人的時候，我們要明白，批評就像家鴿。它們總會回來的。我們還要明白，準備糾正和指責的人，可能會為自己辯護，反過來譴責我們；或者，像文雅的塔虎脫那樣，他會說：「我看不出我怎樣做，才能有更好的結果。」

一八四二年秋天，林肯取笑了一位自負而好鬥、名叫詹姆斯·史爾茲的愛爾蘭人。林肯在《春田時報》刊出了一封未署名的信，譏諷他一番，令鎮上的人都捧腹大笑起來。史爾茲是個敏感而驕傲的人，氣得怒火中燒。他查出寫那封信的人是誰，跳上了馬，去找林肯，跟

不要以為部屬是你可以隨意挖苦和謾罵的對象，給他們留面子也是你通往成功之路需要注意的。

他提出決鬥。對方給他選擇武器的自由。因為他的雙臂很長，他就選擇騎兵的長劍，並跟一名西點軍校的畢業生學習舞劍。決鬥的那一天，他和史爾茲在密西西比的一個沙堆碰頭，準備決鬥至死為止；但是，在最後一分鐘，他們的助手阻止了這場決鬥。

這是林肯一生中最恐怖的私人事件。在做人的藝術方面，他學到了無價的一課。他從此再沒有寫過一封侮辱人的信件。他不再取笑任何人了。從那時候起，他沒有為任何事批評過任何人。

南北戰爭的時候，一次又一次，林肯任命新的將軍統帥北軍，而每一個將軍——麥克時藍、波普、伯恩基、胡克爾、格蘭特——相繼地慘敗，使得林肯只能失望地踱步。全國有一半的人，都在痛罵那些差勁的將軍們，但林肯因為「不對別人缺德，只對大家祝福」，一聲也不吭。他喜歡引用的句子之一是「不要評議別人，別人才不會評議你。」

當林肯太太和其他的人對南方人士有所非議的時候，林肯回答說：「不要批評他們；如果我處在同樣情況之下，也會跟他們一樣。」

蓋茨堡之役發生在一八六三年七月的最初三天。在七月四日晚上，李將軍開始向南撤退的時候，黑雲密佈，大雨傾盆。當他帶著挫敗之軍，退到波多梅克時，發現面臨了一條高漲而無法通過的河流，而身後又是一支勝利的北軍。李將軍被困住了，他無法逃脫。林肯看出這點——這是一個天賜良機，一個捕捉李將軍的軍隊立即結束戰爭的機會。因此，林肯滿懷希望地命令格蘭特不要召開軍事會議，而立即攻擊李將軍。林肯以電話下令，又派出一名特使去見格蘭特，要他立即採取行動。而格蘭特將軍的做法，正好跟所接到的命令相反。他違反林肯的命令，召開了一次軍事會議。他遲疑不決，一再拖延。他打電話來，舉出各種藉口。他一口拒絕攻擊李將軍。最後，河水退去，李將軍帶著他的軍隊從波多梅克逃脫了。

林肯勃然大怒。「這是什麼意思？」林肯對他的兒子羅勃叫起來。「老天爺！這是什麼意思？他們在我們的掌握中，我們只要伸出手來，他們就是我們的了；但我無論說什麼或做什麼，都無法使我們的軍隊移動一步。在那種情況之下，幾乎任何一個將領都可以擊敗李將軍。如果我在那兒的話，我自己就可以把他殲滅。」

在痛苦、失望之餘，林肯坐下來，寫給格蘭特一封信。別忘啦，林肯這段時期用字總非常保守和克制。因此，他在一八六三年所寫的這封信，算是最嚴厲不過了。

我親愛的將軍：

我不相信你能體會李逃脫所引起的嚴重不幸。他本來在我們的輕易掌握之中，當時如果

對他一擁而上的話，加上我們最近的一些其他勝利，就可把戰事結束了。結果現在呢，戰事可能會無限期地延長下去。如果你上星期一不能安全地攻打李的話，又怎麼能在渡河之後，在你只剩下少部分的兵士時——不到你當時手邊的三分之二兵力——去攻擊他呢？我無法期望你能改變形勢，若要期望你能的話，也是一種不合理的期望。你的良機已失去了，因此我感到無限的悲痛。

信雖然寫了，但是並未發出去，這封信是在林肯死後，在他的文件中被找到的。

林肯把這封信放在一旁，因為他從痛心苛刻的經驗中學到，尖銳的批評和斥責，幾乎總是無濟於事。

羅斯福總統說，他當總統時，若碰到棘手的問題，他常往後一靠，抬頭望望掛在他白宮辦公桌牆上那張林肯的巨幅畫像，問他自己：「如果林肯在我這種情況下，他將怎麼做？他將如何解決這個問題？」

是的，假如林肯處在我們的位置，他會怎樣做？我們每個人在批評和指責別人之前，有必要這樣想。

林肯假若處在我們的位置，他大概會這樣做：

不輕易批評和指責，給他人同情和理解；

如必須批評，則首先說一兩句體量的話，保住對方的面子；

先表揚，後批評；

間接地提醒他人注意自己的錯誤；

讓對方覺得他的過失並不難以改正；

總之，必須繞開人性的弱點，防止批評和指責所可能帶來的負面效果，這樣才能最大限度地減少，人們的惡感，這是贏得人心所至少必須做到的。

對部屬要肯定和讚揚

在管理方法中，有一條激勵原則，這就是上司要對部屬進行鼓勵和表揚，調動部屬的工作積極性。主管要深諳和尊重部屬的脾性，如果超越部屬的心理習慣和權力的運作就會違拗

眾人，得不到好的效果，更不能建立良好的上下級關係。有的管理者可能會認為肯定和讚揚下級是一件很容易的事，其實不然。要想使肯定和讚揚的語言成為美言、美文，需掌握一些基本方法。

1. **發自內心：**充分發揮談話的效力，需要肺腑之言，從誠摯的心靈中流露出的語言，才能充分發揮語言的最大力量。有的上司對部屬的獨到見解和才華心存某些陰暗的因素。有的上司為自己的能力差而忐忑不安，唯恐失去權力，一旦發現部屬中有人超出自己，會有危機感。有的上司缺乏寬容心，剛愎自用，不喜歡與自己意見不一致的部屬。還有的上司低估了部屬的能力，一旦發現部屬成就非凡就感到難以忍受。以上幾種因素都會造成上司在肯定和讚揚部屬時不能發自內心，情真意切，而是言不由衷。這樣的語言起不到溝通心靈、協調人際關係的作用。當部屬從上司的肯定語句中覺察到上司不是真心替自己高興，而是懷有某些微妙心理，部屬會一下子如墜冰窟。做上司的要克服這一點，一是要在理性上認識到已然與未然的不可分割。二是要在感情上推己及人，把自己的喜怒哀樂同部屬的喜怒哀樂融在一起。

2. **增進認知：**肯定和讚揚實際上就是激勵部屬，但這種激勵應該是真摯情感與深刻理性的統一。要善於透過對部屬的肯定和讚揚，幫助部屬深入總結經驗，找到成功的主、客觀原因，進而發現不足和缺憾，以確定下一步的奮鬥目標。上司的重要作用之一，就在於把部屬的每一個成功，變成一個短暫的講習班，上司需要具有鞭辟入裡的分析能力和明白準確的總結概括功夫。

3. **不可絕對肯定：**對部屬的絕對肯定與絕對否定一樣都是有害的。實際上，每個人的長處與短處都互為表裡。所以，在肯定和讚揚的同時應獨具慧眼地發現部屬的長中之短，這樣就不會有損於上司在部屬心目中的威信和形象。在充分肯定部屬長處的同時應伴以論短的言詞。使他能在取得成績的同時清醒地認識到自己的不足，不產生自滿情緒。

4. **要有謙遜的氣度：**在肯定部屬的同時若敢於把自己擺進去加以評說，會使部屬大為震撼，並由此縮短雙方的距離。如，漢高祖劉邦在打敗楚霸王項羽後曾說過：「運籌帷幄，我不如張良；決勝於千里之外，我不如韓信；籌集糧草輜重，我不如蕭何……」，對封建帝王來說，能有這樣的氣度確實難能可貴。因為劉邦知道：「他們都為我所用」。作為上司應該明白：無論部屬的才能有多大，都是在服務於自己和部屬的共同事業，所以也就不會有紓尊降貴的屈辱感，而表現出虛懷若谷，見賢思齊的氣度。

在肯定和讚揚部屬時還應注意：

①切忌與部屬搶功：雖然說部屬的成績離不開上司的培養，但這一點應由部屬在內心去體會，而不應流露在管理者的言詞之中。上司應該刻意追求事業的實際發展，沒有必要在成績的歸屬上爭。推功更能體現上司謙遜的作風。同時部屬在受到上司褒獎之際除了珍惜榮譽之外，自然會想到若發生失誤要主動承擔責任。

②切忌褒少貶多：肯定和讚揚某一部屬，同時會造成其他人的心理失衡，損傷眾人的自尊心和親和力。不應採取雙管齊下，曝此寒彼的方式，這樣表揚部屬不但收不到預期的效果，相反會釀成管理者、被表揚的部屬以及未被表揚的部屬之間不應有的距離。

③切忌隨意抬高部屬：肯定和讚揚部屬的語言要具備應有的熱度。如果高估了部屬的成績，人為地賦予成績本身不曾有的意義和價值，會產生以下負面效應：會使被肯定的部屬產生盲目的優越心理，誤以為自己的做法確實高人一籌。造成其他部屬的叛逆心理。對於名實不符的楷模，人們會由不服氣到猜忌，由猜忌到厭惡，影響了部屬間的協助關係。易滋長部屬不務實、圖虛名的風氣，當部屬看到小有成就就可得到很高的評價，會動搖部屬務實的信念，難免不擇手段邀功求賞。

對部屬該怎麼說「不」

在與部屬相處的過程中，上司說「不」，即表示否定的態度時，一定要左思右想，慎之又慎。因為，不該說「不」時說「不」，最容易挫傷部屬的積極性，造成上下級之間的隔閡。

1. 當部屬向你提意見或建議時要慎說「不」：面對部屬的意見和建議，上司首先應持歡迎的態度。尤其對批評意見，你應真心誠意地虛心聽取，切不能給部屬「當頭一棒」，潑一盆冷水，馬上把意見和建議頂回去。作為上司，不能以為部屬提意見或建議是「多管閒事」，是「目中無人」，是「給上司難看」，而應該看做是對事業、對工作負責任的表現，是對上司的愛護。儘管有時部屬的意見和建議可能不完全正確，但作為上司應從總體上表示歡迎，不要輕易說「不」。其次，上司要理解部屬的心情。部屬在向上司提意見和建議時，可以說是絞盡腦汁，對「說什麼」、「怎麼說」，包括怎樣措辭，以什麼口氣說，都是考慮來考慮去，醞釀來醞釀去，生怕上司聽了不高興，不採納。但是作為上司應該鼓勵部屬說真話；說心裡話，說錯了也不要緊，造成一種知無不言，言無不盡，有則改之，無則加勉的良好氛圍。尤其對部屬刺耳的話，與自己意見相反的話，更應耐心聽下去，不要不讓部屬講話或以權壓人。

2.當部屬要求解決具體問題時要慎說「不」：部屬要求上司給予解決的具體困難是多方面的。比如，工作上遇到困難，要求上司給予具體指導和幫助；同事間發生了矛盾要求上司出面調解；家庭生活上諸如房子、情人就業、小孩上學等問題，有賴於上司出面協調解決等等。當部屬遇到具體困難向上司求援時，你要設身處地地替部屬著想，千萬不能不當回事，涼了部屬的心。諸如房子、情人就業、小孩上學等關係部屬切身利益的實際困難，當上司的應千方百計予以協調解決，在這方面，要換位考慮，要盡到責任，不能說「我也沒有辦法」、「我已無能為力」之類的話。因為這樣說，在部屬看來，無異於關上了解決問題的大門，從而失去信心和希望。因此，遇到諸如此類的問題，一定要慎重對待，哪怕工作再忙，也要擠出時間來為部屬辦實事，而且要有不解決問題不甘休的精神，使部屬真正感受到上司的關心。我想，只要上司真的盡到責任了，就算問題一時不能圓滿解決，部屬也是能夠理解的，也會對上司懷有感激之情的。

3.對自己一時不瞭解或不熟悉的東西要慎說「不」：在實施管理的過程中，不可能樣樣精通，某一方面或某幾方面不如部屬是很正常的。因此，要努力克服「全能感」，虛心地向部屬和周圍同事學習。尤其對自己一時不瞭解或不熟悉的東西，不要簡單地予以否定，鬧出不懂裝懂的笑話來。

4. 在講評和評價部屬工作時要慎說「不」：作為上司，表揚也好，批評也好，都要實事求是，出自公心，不能感情用事。尤其是批評或對部屬某一方面的工作提出否定的意見，更要慎重考慮，要做到言之有理。比如，在講評工作時有幾種情況是應加以注意的：一種是，對部屬打破常規的創造性的工作，不要輕易給予否定，應以鼓勵為主，善意地幫助其改進工作，以達到預期的目的；另一種是當部屬工作遇到挫折時，上司不要一味指責，把部屬說的一無是處，好像什麼成績也沒有了。這種「趁火打劫」的工作方法，只會激起部屬的反感。還有一種情況是，當部屬做錯了事但還沒有認識到時，上司不要急於給部屬「下馬威」，不要急於要求部屬承認錯誤，作出某種改進工作的表態。因為在想法不通、認識不到位的情況下，對於上司任何善意的批評和勸告，部屬不可能視之為「良藥」。

胡蘿蔔加大棒

對於部下和員工，應該如何統御呢？是嚴還是寬？是剛還是柔？松下的經驗是：應該

不要以為部屬是你可以隨意挖苦和謾罵的對象，給他們留面子也是你通往成功之路需要注意的。

以慈母的手，握著鍾馗的劍。也就是說，胸懷寬宏，但處理起來則要嚴厲、果斷，絕不能手軟。

上司對於部屬，應是慈母的手緊握鍾馗的劍，平時關懷備至，犯錯誤時嚴加懲罰，恩威並施，寬嚴相濟，這樣方可成功統御。

美國威基麥迪公司老闆查理・愛倫，被當選為九五年美國最佳老闆。他是靠什麼當選的呢？一是他每年都在美國的加勒比海或夏威夷召開年度銷售會議；二是他非常關心員工的疾苦，能認真聽取公司員工訴說自己的困難和苦惱。一旦員工家中有什麼事情，他會給一定的假期，讓其處理家事。由於他能與員工同呼吸、共命運，深受員工的愛戴。顧客們到他的公司後，看到公司員工一個個心情愉快，對該公司就產生了信任感，所以公司績效一直很好。

和田努力創造一個積極、愉快、向上的內部環境，主要採用愛顧客首先要愛員工的方法。五〇年代末，八百半擬貸款二千萬日元為員工蓋宿舍樓，銀行以員工建房不能創績效為由一口回絕。

但是和田夫婦以愛護員工、員工才能努力為八百半獲利的理由說服銀行，終於建起了當時日本第一流的員工宿舍。

那些遠離父母過集體生活的單身員工，吃飯愛湊合，和田加津總像慈母一樣，每週親自制定菜單，為員工做出香噴可口的飯菜。在婚姻上，也像關心自己的孩子一樣關心他們，他先後為九十七名員工作媒，其中有一大半員工都是八百半員工。

五月份第二個周日是「母親節」，和田加津想：遠離父母、生活在員工宿舍的年輕人，夜裡一個人鑽進被窩時，一定十分懷念、留戀父母。於是，她專門為單身員工的父母準備了鴛鴦筷和裝筷匣。當員工家長在「母親節」收到孩子寄來的禮物後，不僅給他們的孩子，也給員工們發表感想。一些員工邊哭邊說：「父母高興極了！我知道了，孝敬父母，父母雖然高興，但是只有讓父母高興，做子女的才最高興。」

為了加強對員工的教育，除每天班前會之外，每月還定時進行一次實務教育。實務教育中的精神教育包括創業精神、忠孝精神、奉獻精神等。和田清楚孝敬父母是與別人和睦相處的基礎，把對父母的誠心變成服從上司的管理。正因為能孝敬父母，所以能尊敬上司。所以她總是教育員工要尊重、熱愛自己的父母。

對待部屬同時還必須嚴厲，這種嚴厲基於人類的基本特性而來。松下認為，一部分人不需要別人的監督和責備，就能自覺地做好工作，嚴守制度，不出差錯。但是大多數的人都是

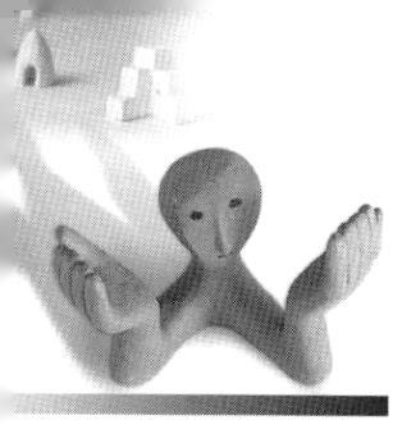

好逸惡勞。喜歡挑輕鬆的工作，撿便宜的事情，只有別人在後頭常常督促，給他壓力，才會謹慎做事的。對於這種人，就只能是嚴加管教，一刻不放鬆了。

松下認為，經營者在管理上寬嚴得體是非常重要的。尤其是在原則和制度面前，更應該分毫不讓，嚴厲無比；對於那些違犯了條規的，就應該舉起鍾馗劍，狠狠砍下，絕不姑息。松下說：「上司要建立起威嚴，才能讓部屬謹慎做事。當然，平常還應以溫和、商討的方式引導部屬自動自發地做事。當部屬犯錯誤的時候，則要立刻給予嚴厲的糾正，並進一步地積極引導他走向正確的路子，絕不可敷衍了事。所以，一個上司如果對部屬縱容過度，工作場所的秩序就無法維持，也培養不出好人才。換言之，要形成讓職工敬畏課長、課長敬畏主任、主任敬畏部長、部長敬畏社會大眾的輿論。如此人人能嚴以律己，才能建立完整的工作制度，工作也才能順利進展。如果太照顧人情世故，反而會造成社會的缺陷。」

「無論用人或訓練人才，都要一手如鍾馗執劍，另一手卻溫和如慈母，做到寬嚴得體，才能得到部屬的崇敬。」這是松下的管理經驗。

當員工的工作表現逐漸惡化之時，敏感的主管必須尋找發生這個現象的原因，如果不是有關工作的因素造成的，那麼很可能是員工的私人問題在打擾他的工作。有些主管對這種現象不是採取「這不是我的責任」忽視它，就是義正辭嚴地告誡員工振作起來，否則自己捲鋪蓋走路，還有些主管一味地規範員工而不針對問題的核心。

無論如何，如果主管希望員工關心公司，那麼，管理者首先關心員工的問題，包括他人的私人問題。因此，上述處理的方式可以說輕而易舉，但是無法改善員工的表現。比較合理的方法應該是與員工討論，設法協助他面對問題，處理問題，進而改善工作成效。

廣開言路，成就大業

無論是企業管理者之間的「溝通」，還是與員工之間的「溝通」，或者是企業管理者與員工之間的「溝通」，對於企業來說，都很重要。無論哪一環節出現波動，失去團結，都會影響到企業正常的運轉。

松下幸之助是一個自主的、坦誠的、直率的人，因此他也希望自己的員工同樣有自主性，同樣坦誠、直率，從而在公司形成一種自由豁達的風氣。在松下的宣導下，松下公司形

成了自主自由的傳統。

松下公司的傳統是包括多方面的，首先是不唯命是從。當然，這是相對的，因為松下公司對自己員工必須遵守公司經營理念的要求，近乎苛刻。在這一點上，松下選擇是絲毫也不讓步的。但在此基礎上，每一個員工都可以自由發揮自己的判斷力、作出反應，而不是採取消極的、但求無過的態度。松下說：「員工不應該因為上級命令了，或希望大家如何做，就盲目附和，唯命是從。」松下認為，部屬或員工如果是這樣做了，就會使公司的經營失去彈性。

松下允許員工當面發表不同意見與不滿。第二次世界大戰前期，有一位候補員工向松下再次發表過不滿。那時的松下電器員工分一、二、三等和候補四級。這位候補員工遲遲未獲升遷，就直截了當地對松下說：「我已經在公司服務很久，自認為對公司有了足夠的貢獻，早已具備了做三等員工的資格。可直到現在，我也沒有接到升級令。是不是我的努力還不夠？如果真是如此，我願意多接受一些指導。其實，恐怕是公司忘了我的升級了吧？」松下對此很重視，責成人事部門查處，原來還真是潛心辦了升級手續。接著，除了立即發佈升級令外，松下明確表示，非常讚賞這種坦白的請求。松下鼓勵大家把不滿表達出來，而不是悶在心裡。如此就不會增加自己的內心痛苦，對公司也是會有很多好處的。

儘管松下要求部屬如實坦白地報告外界對於公司的不滿，儘管這些事情聽起來是讓經營者傷心的，但松下還是如此要求。據說，有一個員工被批發商狠狠罵了一頓，說松下的電器品質不過關：「不如去開烤白薯店，別再製造電器了」。員工如實地向松下報告了。隨後，松下就親自拜訪了這位批發商，表示歉意。批發商因為一時的怒氣而發了一通牢騷，不料引發社長親自拜訪，非常不好意思。自此以後，松下公司與這家批發商的關係密切多了。

松下不限制員工越級提意見或提建議。他認為那種逐級申訴的成規是不必遵行的，即使普通員工，也可以向他這位高高在上的社長反映問題，表明主張。由此，他提醒那些居於領導地位的幹部，要有這種心理準備，應有歡迎的姿態和支持的行動。

無論何種自由舉動，全都是為了公司的發展，說到底也是為了員工和社會的福祉。松下認為，公司既然是大家的經營體，就應該由大家來維護，只有毫不保留地建議，才能獲得人和。充分的、來自不同方面的提案，正是事業成功的途徑。

將心比心，事半功倍

現代員工在配合工業技術升級的情況下，已面臨著更大的壓力。因此，負責身體健康的健保則難以安全保證員工身「心」的健康，主管者如果要使員工全心投入工作以提高生產力，唯有主動認識與解決員工的個人問題，才是有效利用人力資源的策略，也是促使員工加強對公司向心力的秘訣。

近年來，一些競爭力強的美國公司紛紛成立「員工協助」單位，目的在於提供員工心理保險，以解決員工的個人與家庭問題。

無論你的公司是否有這種管理制度，關心員工的心理健康已成為現代管理趨勢中較重要的一環。要做好這種心理輔導的工作，管理者首先應向員工面談。面談時要注意下列原則：

1. 時間上選擇一個星期中的前幾天而不是接近週末的後幾天，選擇早上而不是下班之前。

2. 選擇讓員工感覺有隱私的地方，譬如辦公室附近的安寧咖啡廳，可供散步的花園或公司內的會議室，以使得面談的過程不受干擾，讓員工輕鬆自在地和盤托出。

3. 使用「我」而不是「你」的關心語言。譬如，「我對於你造成的意外事件感到焦慮不

不要以為部屬是你可以隨意挖苦和謾罵的對象，給他們留面子也是你通往成功之路需要注意的。

安」，而不是「你這樣焦慮不安，以致於引起許多意外事件」；「我對你的不理睬命令感到生氣」，而不是「你用不理睬命令的方式激怒我」；「我要與你談談」，而不是「你來找我談談」。

4. 注意聆聽而不作任何建議或判斷，此外，要將談話的內容保密，會談後不與其他同事討論細節。

5. 知道自己無法解決員工問題的限制，而提供專家的協助。

與員工交談後，如果發現員工還有不良行為的傾向，則要設法轉送給公司特約心理輔導專家，或者提供心理治療的機會，讓員工自行選擇。不良行為來自各方面：容易生氣、悲哀或恐懼，感到孤單、憂鬱、情緒不穩，酗酒或吸食藥物。親朋好友的去世，高度的壓迫感，無法專心，容易失眠，有自殺的想法，有體重肥胖的煩惱，缺乏自信，害羞，對工作、對自己或對這個世界感到悲觀，人際關係不良，缺乏激勵自己的欲望，家庭及經濟的困擾。

雖然，把有個人問題的員工轉給心理專家之後，主管也應該負起追蹤到底的責任。也應在第一次面談之後的兩個星期之內，主管與員工必須再度溝通，鼓勵員工表明自己的想法、感覺與意見，甚至建議解決問題的辦法。

讚美要及時

讚美之所以對人的行為能產生深刻影響，是因為它滿足了人們的自尊心的需要。人對於精神鼓勵的需求是普遍的、是長期的，社會越發展越是如此。所以，我們也可以得出結論，重視讚美的作用，正確地使用它，是管理者的有效管理方法之一。

讚美也要及時，這是對一個人的工作、能力、才幹及其它積極因素的肯定。透過讚美，人們瞭解自己的行為活動的結果。從另一角度來說，讚美是對自我行為的回饋，而回饋必須要及時才能更好地發揮作用。一個人在完成工作任務後總希望儘快瞭解自己的工作結果、數量、品質、社會回饋等。

一番讚美，會給人帶來滿意和愉快的情緒體驗，給人鼓勵和信心，讓人保持這種行為，繼續努力。同時，人們需要透過儘快地瞭解回饋資訊，對自己的行為調整。鞏固、發揚好的方面，克服、避免不好的方面。如果回饋不及時，事過境遷，這時的讚美就沒有太大的作用了。

一般來說，高層次的需求是難以滿足的，而讚美之辭，部分地給予了滿足。這是一種有效的內在性激勵，可以令人激發和保持行動的主動性和積極性。當然，作為鼓勵手段，它應該與物質的獎勵結合起來。行為科學的研究指出，物質鼓勵的作用，將隨著使用的時間而遞減，特別是在收入水準提高的情況下，更是如此。

有一個金香蕉的故事頗能給人啟示。在福克斯波羅公司的早期，急需一項性命攸關的技術改造。有一天深夜，一位科學家拿了一台確實能解決問題的原型機，闖進了總裁的辦公室。總裁看到這個主意非常巧妙，簡直難以置信，便思考著該怎樣給予獎勵。他把辦公桌的大多數抽屜都翻遍了，總算找到了一樣東西，於是躬身對那位科學家說：「這個給你！」他手上拿的竟是一只香蕉，卻是他當時能拿得出的唯一獎酬了。

自此以後，香蕉演化成小小的「金香蕉」——別開生面的別針，以此作為該公司對科學成就的最高獎賞，由此看出美國福克斯公司對及時表揚的重視。

不僅是重大的科技成果要及時給予獎勵，就是對部屬的點滴微小成績，上司也應引起重視，及時加以鼓勵。美國惠普公司的行銷經理，一次為了及時表示酬謝，竟把幾磅袋裝果子送給一位推銷員，以鼓勵他的成績。另外一家公司的一位「一分鐘經理」，提倡「一分鐘表揚」。即「部屬做對了，上司馬上會表揚，而且很明確地指出做對了什麼，這使人們感到經理為你取得成績而高興，與你站在同一條戰線上分享成功的喜悅。這位經理的經驗是，幫助別人產生好情緒是做好工作的關鍵。正是在這種動機的指導下，他實行了「一分鐘表揚」。這樣做有三重意義：一就是表揚要及時；二是表揚準確無誤，不是含含糊糊；三是與部下同享成功的喜悅。

及時表揚是一種積極強化手段，它可以使員工和部屬很快瞭解到自己行為的反應，有利於鞏固成績，向前發展。有些主管卻喜歡不動聲色地觀察別人的成績，加以「儲存」，然後在適當時候才找出來「提一提」或獎勵一下，其效果已經減弱了一大半了。我們應該接受「金香蕉」的啟示，像「一分鐘經理」那樣，及時讚美。

需要注意的是，稱讚他人需要注意是否會給他帶來一些麻煩和困擾。

現在有很多主管並不知道這一點，以為在眾人面前稱讚職員，職員會心存感激。其實，當面稱讚職員與當面批評職員一樣會給職員帶來「副作用」，作為主管，必須認識到這一點。

在眾人面前過於熱情地稱讚某職員，會使其他人感到不快。被稱讚的人拘束不安，會感到不自然；而其餘的人則會產生妒忌。稱讚越多、越重，他們的妒忌會越強烈。如果你的稱讚有些言過其實，會使他們鄙夷你，懷疑你的話是否屬實。

所以聰明的職員在被當眾稱讚時，通常是表示感激之後就及時離開了，其實並不是他害羞，而是不習慣周圍人的目光。因此，在眾人面前稱讚的人，必須注意，是否會令被稱讚的人遭受周圍人的妒忌。

其次，要注意稱讚是否實事求是。有的職員在本職工作中表現突出，作出了很好的成績。而有的職員會在本職工作以外，有突出的專長和表現。對於這兩種情況，稱讚和表揚就應該有所不同。本職工作有突出表現者，你對他的成績進行表彰，會使他更努力於本職工作，並且使他對自己的成績有成就感，一般情況下，可以起到比較好的效果。但是對於工作以外的才能，就必須慎重一點。

「看來，你做現在的工作並不適合。做○○工作，是更適合你的，看你在這方面懂得真多呀。」這種稱讚無異於給你的職員下逐客令，很容易讓人認為你在暗示他不適合於現在的工作，這將對職員造成很大的傷害。這樣一來，他的工作熱情頓減，即使主管本人沒有這個意思，也會使職員產生同樣的感覺。

但如果你說：「想不到你還是個全方位的呢！不但做得好，其他工作也只好煩你代勞

了！」這樣，職員就不會敏感地聯想到主管稱讚的所謂言外之意，也就不會造成彼此之間的誤會。由此可見，同是稱讚一個人，同是稱讚其工作以外的才能，如果稱讚的方式不妥當，效果便會大不一樣。

雖然上文已經說過，稱讚職員時，不能在眾人面前大加宣揚。那麼，是不是可以在他不在場的時候，當著其他同事的面對他進行稱讚呢？其實這種「暗中稱讚」也有其弊端。

畢竟，人人都有競爭意識，人總是自覺或不自覺地和他人進行各種比較，所謂的優越和自卑也就因此種比較而產生。所以雖然沒有當大家面稱讚某個人，而是在個別職員面前稱讚他的同事，但由於此種競爭意識的比較，後果也是非常嚴重的。

因此，在你要稱讚的人不在場時，心中要有所考慮，必須注意其他人的顏面和心理感受。但是怎樣才能照顧得周到呢？這確為一件不容易的事。最好的辦法就是與其給自己找不必要的麻煩，倒不如不進行這樣的稱讚。只要做到心裡有數，對當事人給以適當的慰勉，不也是很好嗎？

所以，作為主管，應該避免對於不在場的人進行稱讚，更不能將在場者同不在場者進行比較，褒揚不在場者，直接或間接地指出在場者的不足，不管對於哪一方都沒有好處。

沉著冷靜地面對問題

主管只有以冷靜沉著的態度，才能做出精確的決斷，《孫子兵法》中說：「主不可怒以興師，將不可慍以致戰。」

「喜怒不形於色」，也就是儘量壓抑個人的感情，而以冷靜客觀的態度來應付各種情況，具備這種素質才配做為一位主管。主管一旦露出心中所思所想，就容易被人所看穿，以至於受到別人撥弄，而導致做出錯誤的決策。

喜怒不形於色至少有兩個好處：組織遭遇困難時，如果主管顯示出不安的表情或慌亂的態度，便會影響到整個組織，一旦根基動搖，就可能立即帶來崩潰。這種情形下，若能保持冷靜、若無其事的態度，最能安撫員工的心。其次，與對方交涉談判時，具有冷靜、胸有成竹的泱泱大度是非常重要的。如果把持不住自己而露出感情，如同自揭老底一般，容易被對方所控制而屈居下風。

孔子也說：「使西方不辱君命。」外交談判是主管重要的使命之一，只有具備冷靜沉著的態度才是克敵制勝的重要條件。

中國的主管深受儒家想法薰陶，因是養成穩重熟慮的習慣，「喜怒不形於色」也是主管必有的修養。三國時的劉備正具有這樣性情，《三國志》描寫他說：「不言語，善下人，

喜怒不形於色。」所以寡言、謙虛及喜怒不形於色是典型的君主作風。也是主管必須具備的素質之一。

運籌帷幄，決勝千里

作為主管，你必須讓員工安排自己的計畫，不用任何事情都由你過問，讓員工擁有自己的頭腦，重要的是弄清員工獲得什麼結果與如何去獲取結果的區別。更重要的是，同時應給予員工足夠的自由空間，讓他們自我決定怎樣最好地實現你所要求他們達到的結果。當然你不可能完全將員工「做什麼」和「怎麼做」分開來。員工在某種程度上也要參與決定達到什麼樣的目標，儘管最終承擔責任的還是主管。在決定員工的目標時，你也不可能毫不考慮員工怎樣去處理這一問題。但作為主管，你不要過多干涉員工去做自己的工作，放手讓他們去做罷了。只有在一個目標明確，又有充分自由空間去實現目標的環境下，員工才有可能最大

不要以為部屬是你可以隨意挖苦和謾罵的對象，給他們留面子也是你通往成功之路需要注意的。

限度地發揮自己的才智。如果你規定了他們的工作目標，又為他們劃定了許多做事的條條框框，那他們當然就失去了行為的主觀機動性。所以培養員工擁有自己的頭腦，發揮員工的智慧是大有必要的。

在現實生活中，主管並非總是處在作決定的最恰當的地位。當他們做出決定時，必須充分依靠員工提供的資訊和建議。所以，更為切實的做法是，尊重員工，讓員工做出某些決定，讓員工承受一些責任。

當然，作為主管，尊重員工時，也應劃清界線，因為有些決定是無法作出的。比如，只應允許他們作出一些在他們責任範圍內的決定，而不能作出那些影響其他部門的決定。

老實說，尊重員工，也是對員工的一種挑戰。他們必須對自己的決定負責，而提供建議與作出決定兩者是有區別的。有時，你也許只需向員工提供有關資料和資訊，然後由他們作出最終的決定，如果你將此視為向員工提供幫助，這是十分正確的。當員工碰到困難時，向他們提出建議和解決辦法是可行的，是否會被他們接受又完全取決於他們自己。如果你的建議帶有強制性，這決定似乎就是你作出的了，只不過你巧妙地轉移了自己的責任。因此不要鼓勵員工遇到事就找你。否則，你將背上過重的提出建議、作出決定的包袱，而成為一種過

不要以為部屬是你可以隨意挖苦和謾罵的對象，給他們留面子也是你通往成功之路需要注意的。

時的「萬能」主管。當員工帶著問題走到你身邊時，不能一開口就作出決定，因為有時只有員工才能做出決定，尤其是那些在他們範圍之內的決定。

如果你要檢驗員工是否表裡如一，最好是離開一段時間，讓他們自行其事。很多人也許都有這種體驗，當你離開之後，他會輕鬆地噓一口氣，並開始真正感到自由，慶幸自己終於可以做自己感興趣的工作了。

很多人與上司相處時，總會感到緊張不安。他們總想讓上司高興卻不知怎樣去做。同樣的，當上司離開時，他們反倒能全身心地投入到工作之中，並能從中自娛自樂。沒有主管在場，他們反而能更好地作出決定。

做為主管，你可以離開員工一段時間，儘量給他們留一些自我發展的空間。這樣當你回來時，你會驚訝地發現員工在你不在的時候做了許多多麼令人滿意的成績。離開員工是檢驗主管是否成功的最好方式。

作為主管，你只需為員工指引方向，而且這一方向不應在三個星期或三個月內就做出改變。即使出現一些問題，你的員工也應該像你一樣妥善地處理。當然，如果是一個十分重大的問題，那他們不可能自行其事，必須報告於你。

當你離開時，員工們也許有些不太習慣，或許有些想念你。當你回到他們身邊，他們會集中精神向你展示自己所實現的東西。因此你的回歸，又變成了他們表現自己及證明你的權威的機會。

讓員工擁有自己的頭腦，前提是你必須充分相信和認可他們。你給予他們的自由空間越大，他們做的事情就越成功。當你真誠地信任員工時，如果他們對你安排的某一工作確實無法勝任，他們會主動說出並要求另換一個更合適的人選，這實際上是對你的一種負責，這比勉強答應，但最後將事情弄得一團糟的員工更加誠實而有責任感。

如何對待老部屬

作為上司，對自己手下的年紀較大的部屬要注意尊重。尤其要準確地把握他們的所思所想，協調好和他們的關係。一般情況下，年紀較大的部屬容易產生埋怨情緒、自卑情緒、消

不要以為部屬是你可以隨意挖苦和謾罵的對象，給他們留面子也是你通往成功之路需要注意的。

極情緒。因此，管理者如何與年紀較大的部屬相處的問題一定要認真對待，不可疏忽大意。

1. **想法上要注意尊重老部屬，努力達到感情上的融洽：**對年輕的上司來說，不能有高人一等、居高臨下的想法。年老的部屬也好，年輕的部屬也好，都是一種同事關係，相互間只有分工不同，沒有貴賤之分。年紀較大的部屬，一般在部門工作時間比較長，大都也是業務上的骨幹。因此，注意尊重他們，發揮他們的作用，對上司做好工作是有很大幫助的。作為上司，一是要主動接近他們，主動談心交心，戒備心理消除了，相互間共同語言就多了，感情也就容易融洽了。作為年輕的上司，不要坐等年紀較大的部屬主動向你請示彙報。如果長時間這樣，就容易造成隔閡，給工作造成損失。二是要多聽年紀較大的部屬的意見。平時，要注意經常徵求他們對做好本公司工作的意見和建議，對建設性的意見，要注意積極採納，不能把徵求意見當作一種形式。如果正確的意見得不到重視和及時採納，久而久之，就很難聽到大家的意見和建議了。對年紀較大的部屬主動向你提出的意見和建議，應該格外珍惜，嚴肅對待，不能「不當回事」，或者束之高閣。那樣，定會挫傷他們的積極性，嚴重的甚至從此緘口不言，當「局外人」。三是要尊重年紀較大部屬的勞動成績。對年紀較大部屬在工作中取得的成績，管理者應及時給予肯定，必要時應在公眾場合給予表揚，以激發他們的工作熱情。

2.工作上要注意支持老部屬，努力達到配合默契的程度：工作上的支援主要表現在以下幾個方面：一是要支持年紀較大部屬積極履行職責。一般情況下，對年紀較大的部屬所負責的工作，應放手讓他們獨立行使職權，積極主動地開展工作，不要什麼事情均要你點頭拍板。那樣，就容易束縛年紀較大的部屬的積極性，其經驗和才能就不能得到充分發揮。二是要主動為年紀較大的部屬排憂解難，為其做好工作創造條件。有時，年紀較大的部屬出於禮貌和工作責任心（個別的也有出於虛榮心），當工作中出現困難時，一般不願意向上司叫苦，總是自己設法解決，因此，在這種情況下，應主動瞭解其工作情況，共同研究解決問題的辦法。三是當年紀較大的部屬工作中出現紕漏時，應主動承擔責任，幫助其認真分析問題的癥結所在，想方法進行彌補。一般情況下，出現問題或給工作帶來不應有的損失時，年紀較大的部屬壓力都很大，作為上司只能做「幫」的工作，切不能火上加油，藉題發揮，把年紀較大的部屬推到很難堪的地步。那樣，上下之間的關係一定很緊張，今後的工作就很難協調一致，更不要說配合默契了。

3.生活上要多關心年紀較大的部屬，努力營造互幫互愛的氛圍：上司關心部屬，這是職責範圍之內的事。但對年紀較大的部屬，要給予特別的關心，因為無論從年齡上還是從身體狀況上，以及家庭負擔上，年紀較大的部屬都有一些特殊的情況，而這些特殊情況本人又不願意向上司講，這更需要主動詢問，或者登門察訪，對他們的實際困難和問題，及時給予幫助，能解決的應及時給予解決，一時解決不了的也要盡到責任，做好照顧慰問工作。當年紀較大的部屬生病住院或病假在家時，管理者若無特殊情況都應親自前去探望，一般不要輕易委託他人代勞。

不可不慎的面子問題

第七章・與老闆交往的法則

不給上司台階下，讓他下不了台，可是一件對自己非常不利的事情。他下不了台的時候，也許就是你處境尷尬的時候。

不給上司台階下，可是一件對自己非常不利的事情。他下不了台的時候，也許就是你處境尷尬的時候。

別讓上司下不了台

上司的地位與你有相當大的差別，如果年齡的差距又大，當然他會把你徹頭徹尾地當晚輩看待；同時，你也會自然而然地去尊敬他。但年紀和你相仿的上司，則很容易產生輕視他的心理，更重要的是，這種心態很容易被上司敏感地察覺。他雖然在管理部下時多多少少也會有一點不好意思，但作為部屬的你必須瞭解，他同樣擁有不能被部屬輕視的警戒心。你必須注意，當一切都很順利時，此種心態尚不至於造成問題；萬一雙方有摩擦發生，那就很可怕了。

有位朋友不久前升為一家報社的部門主任，由於他的資歷比其他同仁淺，能力也不是很突出，因此他的上任讓一些「老人」覺得不爽。有一次他召開會議，一位報社「老人」按捺不住情緒當眾批評這位朋友「能力不足」、「領導無方」、「沒資格當主任」！這位朋友也不是省油的燈，不動聲色地聽完這位同事的批評，臉不紅氣不喘地站起來說：「我的能力是不怎麼強，既然你比較在行，那這個位置讓你來坐好了！」那位同僚啞口無言，匆忙離開會場。

也許你看到這裡會替那位當眾讓主管下不了臺的人「鬆了一口氣」，可是，真的能「鬆一口氣」嗎？我是不太樂觀的。我要告訴你的是，事情不是到此為止，雖然不計前仇的君子不少，但忘不掉當眾被辱罵的難堪的凡人更多！一般說來，如此撕破臉皮之後，要想再以和諧收場的不多，絕大多數會演變為另一種形態的戰爭，這種戰爭除非你真有本事及客觀條件的配合，否則當部屬的大都要吃敗仗，因為上司有比你充分的資源可用，讓你不吃敗仗都不行。比如說：在開會的時候批評你的能力！不給你事做，你臉皮再厚，也不可能每天閒著沒事吧？給你不好的考績；考績不好，加薪、升官還有希望嗎？總之，辦法是很多的，只看他要不要做，而只要使用上述其中任何一個方法，你這當部屬的就要坐立不安了。如果你想越級打小報告，除非你利益輸送，否則按常理，他們還是會支持你的上司，官官相護也是人之常理，更是工作需要。

假設你真把主任搞下臺了，這對你也沒什麼好處，因為你的作為會引來對你「好與人鬥」的評語；除非你手上有豐富的資源可以分配，否則人人會敬你而遠之，因為他們怕不小心也被你鬥倒。而更嚴重的是，你把主管鬥走了，上面的主管也不見得會讓你升官，因為他們怕太接近你，也把他們給鬥了！那到別的公司去好了！這又談何容易，你喜歡當眾罵上司，誰敢要你啊？所以，有意見要和上司溝通，最好出之以禮，心有不服也不能當眾羞辱上司，你的羞辱只能讓你顯得不成熟，缺乏理性罷了。

如果你年輕氣盛，不小心罵了上司，但你也不想離職，那麼趕快向他道歉，這是唯一彌補的措施。雖然不一定有用，但不去道歉，後果是更糟糕的，那會讓你無路可走，結果只有捲舖蓋走人！這就是不給上司台階下的結果。

說服老闆的技巧

李先生是一家網路公司的總經理助理。他的頂頭上司王總是學術、技術出身，由於工作重點長期放在學術研究上，因此對企業管理他卻是個門外漢，出於對技術的鍾情與他所處的職位，王總對於技術部門的事總是親自過問，把管理層體系搞得一團糟，其他部門雖然當面不敢說，但私下裡卻議論紛紛。因此，李先生與其他部門的溝通協調極為不順。

經過一番思考，李先生決定採取行動，向頂頭上司王總提出自己的建議。他對王總說，真正意義上的領導權威包含著技術權威和管理權威兩大部分，王總的技術權威在公司是有目共睹的，而管理權威則相對薄弱，有待加強。王總連連點頭，並陷入了深深的沉思。

不給上司台階下，可是一件對自己非常不利的事情。他下不了台的時候，也許就是你處境尷尬的時候。

這裡李先生巧妙地運用兼併策略從而使王總改變了立場，並獲得了成功。後來，王總果然將更多的精力投入到人事、行銷、財務的管理上，企業的不穩定因素得到有效控制，公司運營進入了一種良性迴圈，李先生的管理權威也得到了鞏固。

在工作中，上下級之間的關係是很重要的。談話是聯繫上下級之間的一條重要樞紐，因此必須加以研究，這關係到你的發展前途和升遷問題。

許多在同事中、親友中滔滔不絕地談話的人，一到上級面前便結結巴巴，許多想好的話也不知從何說起。造成這種情況的原因是多方面的。但一般說來，上下級地位的差距，客觀上造成了感情上的差距，人們往往擔心自己的「命運」、「前途」都掌握在主管手裡，若講話出了差錯，會影響今後的發展。另一些人認為，和主管說話要有不同於平常的樣子，諸如此類，都造成了心理上的壓力。作為主管，對此都應當體諒。應以平易近人的態度，主動與下屬接近，用種種辦法來消除群眾對自己的畏懼與隔閡，鼓勵向自己提意見，在生活上，又願意與大家同甘共苦。這種主管，大家是願意和他們談話的，也會消滅上下級之間的隔閡。

下面，就與上司的說話藝術提供幾條建議：

1. 講究說話的方式：

①態度上不卑不亢：對上級應當表示尊重，你應該承認他總是有強於你的地方，或者才華超群，或是經驗豐富，都要做到有禮貌且謙遜。但是，絕不要採取「低三下四」的態度。絕大多數有見識的主管，對那種一味奉承，隨聲附和的人，是不會予以重視的。在保持獨立人格的前提下，你應採取不卑不亢的態度。在必要的場合，你也不必害怕表示自己的不同觀點，只要你從工作出發，說事實，講道理，主管一般是會予以考慮的。

②瞭解上級的個性：上級固然是主管，但他畢竟是個人，作為一個人，他有他的性格，愛好，也有他的語言習慣，如有些人性格爽快、乾脆，有些人則善於沉默寡言，事事多加思考，你必須適應這一點。不要認為這是「迎合」，其實，這正是應用心理學的一門技巧。

③先給他寫張紙條：作為上級，一天到晚要考慮的問題很多。所以，你應當根據自己問題的重要與否，去選擇時機思考。假若你是為個人瑣事，就不要在他正埋頭處事時去干擾他。如果你不知道上級何時有空，不妨先給他寫張紙條，把自己需要解決的問題要點寫上，然後請他接受約會。或者你寫上要求面談的時間、地點，請他先約定，這樣，主管便可以安排時間。

④多準備幾套方案：在談話時，充分瞭解自己話題的涵義，做到能簡練、扼要、明確地向主管彙報，如果有些問題需要請示，自己就應有兩個以上的方案，而且能夠向上級說明各方案的利弊。這樣，有利於主管作決斷。順便一提，只有一個方案是不明智的，因為沒有選擇餘地，為此，你事前應當作周密的準備，弄清每一個細節，隨時可以回答。此外，如果主管同意了某一方案是最好，事後你立即把它整理成文字再呈上，以免日後產生理解上的分歧，造成不必要的麻煩。

⑤正確彙報事實的真相：反映情況要忠實，要正確報告事實的真相，這是相當關鍵的，這不僅有利於主管做出正確的決斷，也直接影響到主管本人的威信。有許多部門上下級，同級之間發生糾紛，就是因為某些人向上級報告失實而造成的。美國一位廣告大王布魯貝克在談起他年輕時的一件軼事時說，一次他所在公司的經理問他，印刷廠把紙送來沒有？他回答送過來了，共有五千令，經理問：「你數了嗎？」他說：「沒有，是看到單上這樣寫的。」經理冷冷地說：「你不能在此工作了，本公司不能要一個連自己也不能替自己反映清楚情況的人。」對於自己沒有把握的事情不要說，自己沒有做過的事情，不能說做得很圓滿，這樣反而使主管反感。

2.上司如何賞識你：公司的高級經理或老闆是否知道你是做什麼工作？並對你有較高的評價呢？大多數人都認為，只要自己表現好，工作好，遲早會傳到上司耳中。可惜情況往往不是這樣。很可能你工作相當出色，可別人根本不知道。因此，我們不僅要做得好，也要能說得好，這樣才能得到上司的賞識。那麼，怎樣說才能得到上司的賞識呢？

①把榮耀留給上司：這是對待上司最有效的方法。在其他公共場合指出上司的優點，凡事讓他知道：有了成績不忘告訴同事和更高的主管，這也有上司的一份功勞；開會有上司在場時，一定不要臨時拿出新資料，應事先將資料告訴上司，由他提出來；不要把計畫書和盤托出，要保留給上司發表意見的餘地。總之，處處讓上司感覺到他的尊嚴與重要。

②向上司傳遞員工情況：大多數的上司都希望對部下各方面情況能夠有所瞭解，比如某人的母親生病住院，某天是某人過生日等等，上司瞭解這些情況後適度表示關懷可增加員工的親近感。值得注意的是，上司所需要瞭解的不是你對某人惡意攻擊或揭其隱私，也不是叫你向他打小報告。與上司談到同事的時候，只能談論同事的長處，這樣才有助於你和同事之間建立良好的關係，也讓上司看到你的為人正派可信。

③不要打聽上司的隱私：上司通常會在員工下班後獨自坐在辦公室呆坐，上司也是人，在面對工作壓力時同樣會感到心情壓抑，對家庭生活也一樣會有一本難唸的經。上司有時會表現出脆弱，同樣希望得到別人的撫慰。但如果你就此肆無忌憚地探問其隱私，甚至為其出謀劃策，那就是馬屁拍在馬腿上了。要知道即使上司最脆弱時，他也只是尋求適度的關心，就算是一杯熱茶足以讓上司認為你是一個善解人意的好部屬。你還可以給上司隨意講出一個令人捧腹的笑話，開解他鬱悶的心結，他會出自內心地感激你。記住，真正熱愛你的上司，出發點應是愛戴而不是利用。

④多做事、少巴結：儘管許多上司從不反對部屬討好奉承，但他們更喜歡那種工作踏實、作風正派的人。如果你把上司交辦的每一件事都辦得井然有序，然後再說幾句上司愛聽的話，比起那些只會吹牛拍馬卻不做事的人，上司更希望接近你這樣的部屬。在與上司相處時，你要勇敢地看著上司的目光，而不要躲躲閃閃；你可以坦率地與他交換看法，只需做到不隱瞞不誇大就可以了；從不議論上司的隱私，並盡己所能努力工作，爭取成為其最佳的部下。做到了這些，還愁上司不賞識你？

3. 對意見和建議的巧妙運用：

①考慮上司的立場：本文前面網路公司的李先生就是使用這種方法的典型。

從李先生的經歷，我們可以得到一個啟發：考慮上司的立場，的確不失為向上司提意見的上上之策。首先，它不是從正面排斥上司的觀點，而是站在上司的立場上考慮問題，最終是為了維護上司的權威，出發點是善意良性的；其次，這種策略屬一種冷處理方式，不僅沒有傷及上司的自尊，也容易被上司接受，效果顯著；另外，使用這種策略的人需要具備較強的綜合能力及很高的社會修養，並不是任何人都能夠針對不同情況兼併上司的立場。在兼併上司立場的同時，自己個人的主管能力亦會隨之增長，甚至來一個突飛猛進。

②將「意見」轉化為「建議」：選擇適當的時機向上司提「建議」，值得注意的是它不僅要包括你所提出的意見，還包括解決問題的方案。

首先，在向上司提建議時，要選擇適當的時機，這裡主要是照顧到上司的心情。記住你的上司也是個平常人，當他公務纏身、心情鬱悶時，即使你的建議再好，再具建設性，他也不會聽進去。

其次，你在與上司談話時應密切注意對方的反應，你可以從他的臉部表情及身體語言所傳達的資訊，來迅速判斷他是否接受了你的觀點，並根據當時的話題適當地舉例說明，使你的建議更具有說服力。

最後，你必須注意說話的態度，你要從言語上表現出對上司的尊敬，恰如其分地表達出你的意思。也許對方並不完全認同你的觀點，但是他會因為你的坦率和誠意而樂於聽你的建議，他認同的是你這種個性的人。

③限用一分鐘說完：如果你需要向上司提意見，你認為時間多長比較合適？大多上司都很難接受冗長的意見。爭取在一分鐘內說完你要說的話，這樣，上司就會覺得很愉快，比之那些較長的意見來更「有理」，也比較容易接受。反之，假如他不認同你的意見，也不會因為你浪費他過多的時間而對你表示厭煩。

④相信否定也是意見的附屬品：假如向上司提意見立即就能獲得認可，那是最好不過了。不過，一般情況下，上司還是很「頑固」的，並不是那麼好說服。畢竟你是在向上司提意見，是否接受你的意見他當然需要慎重考慮。

許多人一旦建議不成，或是被上司以「我不贊成」、「這不合適」等駁回時，往往心灰意冷。其實，因為一兩次的意見不被接受便放棄自己的觀點是一種愚蠢的做法。既然決定向上司提意見，就應該相信「否定也是意見的附屬品」的觀點，要有勇氣和心理準備接受對方

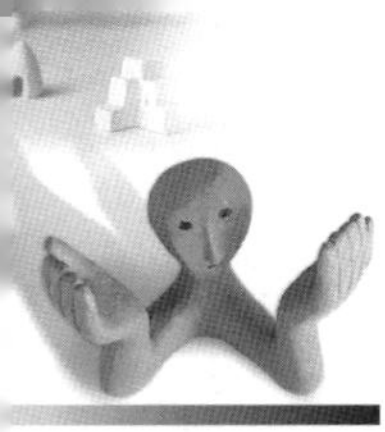

的否定。當然光憑做到這一點還遠遠不夠，還應該在你的意見的內容、方式方法上下功夫。

首先在內容上要言之有物。既然是提意見就要把自己的意見完整且清晰地表達給對方。因此，你必須以大量的資料作基礎，使意見站得住腳。否則一旦被上司問得張口結舌，就變成上司向你提意見了。其次，在意見的內容無懈可擊的前提下，還要講究提意見的方式方法。向上司提意見本來是件好事，但如果過於「熱心」，會使自己「衝」過頭，反而成了一種負面影響，此刻，上司還能不會接受你的意見嗎？因此，在給上司提意見的時候，千萬不要過於自作主張而忽視了上司周遭的人際環境以及時間安排。

「企望往高處爬的人，應該踩著謙虛的梯子。」這是莎士比亞的名言。對那些希望自己的意見被上司接受和認可的人這句話同樣適用。

4.不要讓這樣的話影響你的升遷：習武之人追求練就一身刀槍不入的硬功夫，比如金鐘罩、鐵布衫之類的工夫，然而，不管你的武功是否達到登峰造極的地步，都會不可避免地留下一兩處會被人置於死地的穴道，這就是武林中人最為看重的罩門。罩門不被人發現便罷，一旦暴露出來，便有性命之憂。那麼作為職場中人，你的辦公室功夫又練到了什麼地步？若有以下的情形出現，多半是罩門暴露，雖無性命之憂，卻有前程之危矣！

①過分自信：假如你深信在辦公室裡剖析自己是一種正確的做法，從而讓上司對你有了有待完善的印象，這實在是很可怕的。這往往是因為你過於自信，自我感覺過好的緣故。更可怕的是，碰到一個對你的罩門深惡痛絕的上司，那就有你好看了，把你拒之門外，再讓你修「內功」也說不定。

②誇大自己的才能：一些人由於對自己缺乏信心，便以老王賣瓜，自賣自誇的形式來擴大自己在同事中的影響，或以自吹自擂來引起上司的注意。懂得證明自己價值的人固然可敬，但是如果你推銷自己的方式不對，那麼肯定會給同事和上司留下不好的印象。在與你相處的過程中，別人會因為你的自吹自擂，而忽視你的其他長處。實際上，你的做法往往暴露出你的弱點，別人會認為你是用吹噓來給自己壯膽，在他的眼中這是你缺乏自信的表現。上司對你的評價也會大打折扣。

③「哭泣遊戲」的結局：有專家認為：「一個人在辦公室的信譽，至少有百分之五十是來自他在人前的表現。」這表明你在上司或同事面前的表現與你真實的工作能力同樣重要。任何不專業的表現如臉紅、哭泣，甚至不協調的穿著打扮都會影響你的專業形象。專家還告誡我們：在工作場所上演「哭泣的遊戲」，那只能表示你註定要失敗，如果你

在老闆面前因為工作而淚眼汪汪，證明你缺乏處理工作壓力的應變能力與心理素質，更令人懷疑你無法代表公司的形象。

專家們認為上司不是你的父母，更不是你的心理醫生。所以，假如你有失態之舉，應該做兩次深呼吸，再說一聲抱歉，然後立即恢復常態即可。

④管不住自己的嘴：在輕鬆的工作氛圍中，上司總希望部屬各抒己見對他提出合理的方案發表。如果在所有的會議上總是持反對意見，那麼無異給大家的熱情潑一盆冷水，這樣，再開明的上司也不會容忍你的所作所為。所以，如果你是個天生的「反對派」，要在這種場合學會保持冷靜，如果你沒有足夠的理由，最好別置身於別人的對立面，須知此刻你的罩門已經暴露於外，你的處境相當危險了。

5.大大方方地接受批評：對上司的批評和指責，有些人之所以流露出羞怯、委屈、抱怨、抵觸、憤怒、喪氣等不正常的情緒，就是因為他們並不瞭解這種批評和指責對自己究竟有多麼重要的意義。

在工作中受到上司的批評和指責是難免的，認真、正確地對待上司的批評和指責很重要。接受批評是最好的借鑑。無論上司出於何種動機，也不管他選擇什麼樣的場合，更不必

不給上司台階下，可是一件對自己非常不利的事情。他下不了台的時候，也許就是你處境尷尬的時候。

計較所採用的方式和言詞，只要他願意而且能夠對我們提出批評，我們就都應該看成是一種可貴的指導和幫助，愉快地接受下來，轉化為自己的認知行為，這是一個最基本的原則。

①正確對待批評和指責：接受上司的批評指責，臉皮切記不可過薄，不要對一點小小批評就憂心忡忡，無地自容，那麼批評作為借鑑的目的就無法達到。不過，臉皮也不能太厚，以至於知道我們的言語行動有哪些是上司所不喜歡的，那樣就可能會更加激怒上司，自己也無法從中獲得進步。我們要利用上司的批評來實現成就自己的目的，就必須能夠把握住二者間度的問題。

②避免直接提出反對意見：對上司心理、行為中表現出來的錯誤傾向給予反對和糾正，這是部屬關心上司、為上司負責的一種表現，也是部屬是否合格、稱職的一項重要評判標準。但必須注意，在對上司提出批評意見的時候，一定要牢牢記住他的地位和身份，選擇最恰當的方式、方法，既指出他的錯誤，以尋求改正，又輕易不能損害到他的自尊角色，哪怕是無意的也好。

③不要產生分權均利的想法：上司手中的權力，是因其地位而決定了的，是地位、榮譽的象徵及獲取方便和利益的資本，而他在工作中、生活中所享受的某些優厚待遇及具有各

種便利條件也是與其職務、地位相輔相成的，是權力的天然衍生物。對於自己手中的權力，任何人都是加倍看重和全力維護的，總怕一不小心就會給別人奪去。這種謹慎態度形成了他們的一種奇特的認知心理，認為凡是部屬都有一種掠奪寶座的企圖。所以作為部屬，正確的方法應該是向上級闡明自己的立場與觀點，消除他對你的戒備，與上級取得一致意見。

6. **要有立場原則**：為了自身的利益，向主管妥協讓步是必要的，對於主管的指責批評，應當誠懇虛心接受，但是，也不能不分青紅皂白，一股腦兒接受。一味盲從地全盤接受，實際上是懦弱無能的表現，必要時要進行辯護，不要忍氣吞聲。辯解的困難在於雙方都意氣用事，頭腦失去了冷靜。所以過於緊張和自責，反而會使場面更僵。因此越到這類棘手的對立問題時，更應該積極辯明，明確責任。其要點大概有四個：

①不要畏懼：不必害怕聲色俱厲的主管，越是嚷得凶的主管，往往心越軟。

②把握時機：尋找一個恰當的機會進行辯解也很重要。

③自我反省的事項要越簡單明瞭越好：不要悔恨不已，痛哭流涕，不成體統。越把自己說得無能，反而會增加主管對你的不滿。還是適當點一下為好，但要點到本質上，說明自

己對錯誤已經有了足夠的認識。

④ 辯解應該越早越好：辯解越早，則越容易採取補救措施。否則，因為害怕主管責備而遲遲不說明，越拖越誤事，主管會更生氣。

當然，對於主管的指責，適當作點說明的辯護是無可非議的，但要講點技巧，不要硬碰硬地去頂撞。應做到既不冒犯主管，又達到了個人目的。現在向你介紹幾個辯護技巧：

第一，辯護時別忘了站在對方的立場上講話。主管指責部屬，當然是出於自己的觀念。如果部屬不能瞭解這一點，一味認為自己受了冤枉，因而站在本身的立場上拼命替自己辯解，這樣只會越辯越使主管生氣。應該把眼光放高一點，站在對方的立場上解釋這件事，則容易被接受。

第二，辯解時不管是何種情況，都不要加上：「你居然這麼說……。」任何人都有保護自己的本能，做錯事或和旁人意見相左時，便會積極地說明經過、背景、原因等。但在主管看來，這種人頑固不化，只是找理由為自己辯護罷了。

第三，道歉時不要再加上「但是……」。這種道歉的話，讓人聽起來覺得你好像是強詞奪理，無理搞三分。道歉時，只要說：「對不起！」不必再加上「但是……」如果面對的

是性格坦率的主管，或許就可以化解延續此事的距離。當然該說明的時候仍要有勇氣據理力爭，好讓主管瞭解自己的立場。

7.說服老闆為你加薪：加薪和升職永遠是上班族最關心的話題，也是棘手的問題。許多人並非表現不好或沒有工作能力，他們只是不擅於表現自己。如今的企業老闆因公務纏身，不可能每時每刻都留意你的表現，作為員工有必要主動、適時地表現自己，只有這樣才能達到自己的預期效果。當然，每個人的表達方式都會不同，關鍵的一點是有技巧地表現自己。

當然向老闆提出加薪，也要講究技巧。我在這方面就深有體會。我曾經在一家公司工作快三年了，對自己的工作熟悉到不能再熟悉的程度，而老闆一直沒有給我加薪的意思。年輕的我一時衝動，就以熟悉業務為談判條件向老闆提出調動職位，其實是想迫使老闆為我加薪。現在想來，當時的舉動是非常錯誤的。結果是薪水沒有加上還弄了個不歡而散。此後，我與老闆的關係大不如前，最後不得不離開那家公司。其實，老闆和員工的關係是平等的。只要你認為加薪是合理的，你就有權提出。但你必須注意說話方式，最好是巧妙地、有技巧地把自己的意圖傳達給老闆，就算萬一不被老闆接納，也不至於讓雙方陷入尷尬的局面，以致影響日後的相處。

不給上司台階下，可是一件對自己非常不利的事情。他下不了台的時候，也許就是你處境尷尬的時候。

在作為與地位的關係上，有人認為只有先有地位、權力與權勢，才可能有一番作為。事實是要先有作為，才可能有地位。原因有二：第一，老闆一般是透過員工的表現，來評價其能力、品行與態度。所以，對於員工而言，要想在職場出人頭地，除了在本職工作有過人的表現外，別無他途。第二，透過真本事做起來的員工，別人才會認同你，也容易獲得同事的尊重，這是你在新的、更高的職位做出成績的有力保證。

有著規範薪資制度的公司，對員工的評價都會公正而客觀，他們會關注每一個員工的成長與進步，職位交流、專業培訓等情況，在這樣的公司會時有發生。每一個勤懇工作的有能力的員工都堅信晉升的空間在等著自己，他們工作會更為積極和主動，根本不需要員工本人去刻意追求或為是否向老闆提出加薪用盡心機。

職場中人，有了作為，便有了地位，隨之上升的不僅是薪水，還有個人的能力及素質。還有一部分的人認為，直接向老闆提出加薪，主要由自身的底子所決定。正規的具有發展潛力的企業老闆一般比較開明，只要你有真才實學，你肯定是底子能力工夫十足，老闆自然樂意根據你的貢獻加薪；若底子工夫不足甚至少有成績，莫說加薪，就是保住位子也有困難。若遇上那些摳門的老闆，要相信一句古話，即「留得青山在，不怕沒柴燒」，大可挺起腰桿走人，何必奢望他老大不願才擠出的幾個子兒！

底子足不足，自己最清楚。沒有底子，加薪的事也就甭提了。所以說，加薪的前提是要有底子。底子是什麼？也就是你平時的工作表現以及你為公司的發展所做出的努力。有了這一切，你的底子自然就上來了，提不提加薪是你自己的事，但有一點可以確信，你遲早會被加薪，因為大家的眼睛是雪亮的。

8.先聽老闆在說什麼：有許多時候常常可以聽到職員私下議論：「某某經理的話可不能全信，要不保准吃大虧。」「誰叫你聽他嘴上說的，要仔細體會體會？」善於體會老闆話中的意思，是每個職員必備的能力。

①「客氣」的老闆：有一種老闆，客套話掛在嘴邊，一味地抬舉部屬，誇獎的口氣言過其實。如：「如果你不在我身邊，我簡直不知怎麼辦才好？」「我全靠你！」這一類話，你需要加以深切的注意，認真體會話中的意味，做出合適的反應。你還可以見機行事，適時地同老闆打成一片。這樣表面上接受「全靠你」的重任，等事後再假裝不知道，使老闆不知不覺鑽進你的圈套。例如你說：「謝謝您的信任，我會努力地去做。」這種方法較為理智，又為自己的工作開拓了更為廣闊的發展空間。

②面對老闆的善意：有的老闆比較尊重職員，所以在拒絕職員、部屬的提案時，充分考慮

職員的工作熱情和自尊，而不願直接點破，他們往往先給你以肯定，然後指出你的意見同全局的不同之處，這種老闆，表面看來似乎是先摸後打，實際上是很費苦心的。作為部屬，應該善於體會他的意思，理解老闆的用心。

比如當你對老闆提出意見時，他說：「你的意見很不錯，不過有些地方和我們總公司的安排稍稍有些矛盾。」

此刻你就明白老闆話中的意思，不要再去強調你的意見如何合理，主張如何正確，不要逼著老闆做明確的表態。這個時候你應該說：「這不過是我個人的一點看法，如果和公司全局有矛盾，您就以全局為出發點。」這樣一來老闆必會感謝你的通情達理，兩人之間將達成一種默契，這是再好不過的了。

③ 老闆的推諉：有的老闆喜歡當你的面說「好」，但是馬上便推出更高一層主管來，此時你要清楚，這個「好」字的意味。

自己不做表態，卻一味推卸責任的老闆，要特別注意領會他話中的涵義。他表面上對職員的意見很瞭解，其實並非如此，只有到不說不行時，才會以「我不是和你說過嗎」作為藉口。這種老闆是不值得依賴的，必須特別留意。

追隨「弱者型」上司

「上司」一詞，說法也許不一，但涵義卻只有一個：一個你受命於他並且要聽命於他的人。

與上司關係良好，自然是再稱心不過的事，既可以擁有和諧的工作關係，也可獲得賞識、器重、指點、提拔、升職、加薪……相反的，若與上司關係不和，如果他是一個喜歡報復的人，你便同「罪犯」一樣，所有權益均被中止或剝奪，甚至造成嚴重的精神壓力，影響身心健康。

事實上，上司眼中的僱員是什麼，一般是要視他是人事取向還是工作取向。前者有人性、感情可言；後者卻是求效率和結果。所以，選上司就有如女人挑丈夫一樣錯不得，否則小則工作不順心，大則前途盡毀。

追隨弱者型上司最大的好處，當然是發掘個人潛能，表現工作能力和受到重視與尊重，是一個相當難得的訓練機會。因為，當上司無能之時，你必定要負擔任何工作及獨自解決難題，久而久之，你便可能成為部門中的要員之一。

弱者型上司還有一個特點，會把所有工作分配給屬下，並且會妥善安排，否則也不能當你的上司了。當然，他可能是皇親國戚，或是基於裙帶關係。不過，在未獲知實情以前，我們仍然要假設他有一些過人之處。

為了維護個人存在價值與上司尊嚴，這種上司往往會因自卑而形成自大，所以在會議中他亦不會放棄任何發言、批示和提問的機會，他們甚至會強迫部屬花上三兩小時聆聽他的謬論。又或者經常地將部屬意見和功勞歸功自己，也毫不羞愧，還自以為領導有方。

所以，你可能因而有委屈之感，又或者因上司的無能而憤憤不平，覺得自己比他更為勝任。謹勸你千萬要停止這種思維，因為它會直接蠶食你成為優秀上班族的機會。

相反，你應該把握這些機會作為個人工作訓練，在工作中盡力而認真地獨立處理問題。更甚者，你可以在有意無意間諮詢上司的意見，好使他對你的工作表現感到滿意之餘，亦為你的態度而喜悅，關係便更加融洽。

當你發現自己已有相當能力時，你便可以另作打算，因為該型上司是不會給你升職的機會的，甚至於已經一直在暗地裡排斥你或壓制你。聰明的上班族自然知道箇中緣由。因此，不要妄想他們會提拔你，你反而應視他們為假想敵，終有一日會把他們打敗，超越他們的成

就。

我就有一位記者朋友，初出道時已鋒芒畢露，才華盡顯，讓他的弱者型上司（編輯部主任）大感不妙。那主任一則恐怕這樣的新人被老總賞識，自己飯碗難保，二則其他同僚亦會輕視他。而另一方面他又想到該人確實是一位難得的人才，有助報社及個人表現，不能輕易放棄，內心非常矛盾。

幸而朋友早已察覺其上司只是庸才一名，卻不動聲色，一直默默工作。有時遇到大新聞和獨家材料亦歸功主任，主任自然喜出望外，大讚他聰明能幹，極具潛力。

沒多久，報社副主任請辭，於是朋友在該主任推薦下走馬上任，成為心腹部屬之一，這無疑是平步青雲第一步，旁人皆認為他既能幹，人緣又佳，有大將之風。

人往往被成功沖昏頭腦，在弱智型上司面前可能會顯示卓越不凡，從而漠視上司的存在和價值。切記，他其實就是你走往成功之路的墊腳石，不能隨便踢開，否則後悔莫及。

不給上司台階下，可是一件對自己非常不利的事情。他下不了台的時候，也許就是你處境尷尬的時候。

維護「弱將」的威信

強與弱是相對存在的，既然有比較強的上司，也就有比較弱的上司，那麼，與「弱將」應該如何相處呢？

1.要正確地看待這個「弱」字：什麼樣的上司可以稱為「弱將」，這恐怕是很難下定義的，在日常工作中，人們通常把那些想法水準較低、工作能力較弱、打不開工作局面的上司稱為比較弱的上司。在「弱將」的行列中，除極個別本來就不具備管理者素質的人以外，大多還是能力問題。

「弱將」中也有幾種類型——一種是表面上弱，實際上並不弱。《三國演義》第五十七回寫了萊陽縣令龐統的故事。說的是有人報知劉備，說龐統「不理政事，終日飲酒為樂；一應錢糧詞訟，並不理會」，因而劉備派張飛、孫乾前去巡視。書中有這樣一段描寫：飛怒曰：「吾兄以汝為人，令做縣宰，汝焉敢盡廢縣事！」統笑曰：「將軍以吾廢了縣中何事？」飛曰：「汝到任百餘日，終日在醉鄉，安得不廢政事？」統曰：「量百里小縣，些小公事，何難決斷！將軍少坐，待我發落。」隨即喚來公吏，將百餘日所積公務，都取來剖斷。吏皆紛然齎抱卷上廳，訴詞被告人等，環跪階下。統手中批判，口中發落，耳內聽詞，曲直分明，並無分毫差錯。民皆叩首拜伏。不到半日，將百餘日之事，盡斷畢了。由此可

見，「一時糊塗」的不能稱為「弱將」，不善言詞的不能稱之為「弱將」，處事持重的不能稱之為「弱將」等等。總之，對「弱將」不能只看表面現象，否則就會犯片面性的錯誤。

另一種是表面上強，實際上比較弱。這樣的上司往往剛愎自用，自恃高明。與這樣的上司相處，要特別注意維護他的自尊心，有什麼意見和建議，可選擇適當的時候在私下提，尤其不能當面頂撞。

2.關鍵是要尊重：作為部屬，不論遇到怎樣的上司，首先想法上應該明確，再弱他也是你的上司，你也應尊重他。與「弱將」相處，「尊重」二字是非常重要的。如何尊重呢？一個是真誠的尊重，而不是虛假的做作。「弱將」有可能一直弱，也可能會不斷提高；他在處理這個問題上「弱」，在處理另一個問題上就不一定「弱」。因此，要特別注意多請示、多彙報，不可自作主張，架空上司。再一個是要真心補強，為了大家共同的事業，部屬一定要出以公心，主動、及時地為「弱將」補強。上司沒有想到的，你要多提醒；明顯有錯的，你也不要四處聲張，在執行的過程中，按實際情況辦，事後及時向他報告；他越是放權，你越要對他負責，盡心盡力把事情辦好。還有就是不要有意無意地喧賓奪主。尤其是在眾人面前，要注意突出「弱將」，多說他的長處，維護他的威信，以贏得眾人對他的尊重。

不給上司台階下，可是一件對自己非常不利的事情。他下不了台的時候，也許就是你處境尷尬的時候。

先給老闆一塊三明治

溝通的目的是為了要達成意見或行為的共識，而建議沒有任何強加的味道，僅僅是比較兩種或多種行為所帶來的結果，哪個更加完善而優良，供對方自由選擇。

去年年底，我們公司為了獎勵員工，定了一項香港旅遊計畫，我們部門分了六個名額。可是八名員工都想去，大家要求再向上級主管多申請兩個名額，當時我正會見一個客戶，副經理找到了老總：「老總，我們部門八個人都想去香港，可是只有六個名額，剩餘的兩個人會有意見，能不能再給兩個名額？」

老總說：「篩選一下不就得了嗎？公司能拿出六個名額就花費不少了，你們怎麼不多為公司考慮？你們呀，就是得寸進尺，不讓你們去旅遊就好了，誰也沒意見。我看這樣吧，你們兩個做部門經理的，姿態高一點，明年再去，不就解決了嗎？」

副經理灰頭土臉地回到辦公室，我瞭解了情況，當即知道他失敗的原因「只顧表達自己的意志和願望，忽視老總的心理反應」。

分析清楚情況，我知道不能以自我為中心，要樹立一個溝通低姿態，站在公司的角度上考慮一下公司的緣由。

「老總，大家今天聽說去旅遊，非常高興，非常感興趣。覺得公司越來越重視員工了。主管不忘員工，真是讓員工感動。老總，這事是你們突然給大家的驚喜，不知當時你們如何想出此妙點子的？」

老總：「真的是想給大家一個驚喜，這一年公司績效不錯，是大家的功勞，考慮到大家辛苦一年。年終了，第一，是該輕鬆輕鬆了；第二，放鬆後，才能更好的工作；第三，是增加公司的凝聚力。大家要高興，我們的目的就達到了，就是讓大家高興的。」

我立刻附和：「也許是計畫太好了，大家都在爭這六個名額。」

老總：「當時決定六個名額是因為覺得你們部門有幾個人工作不夠積極。你們評選一下，不夠格的就不安排了，就算是對他們的一個提醒吧。」

我頻頻點頭：「其實我也同意主管的想法，有幾個人的態度與其他人比起來是不夠積極，不過他們可能有一些生活中的原因，這與我們部門經理對他們缺乏瞭解，沒有及時調整都有關係。責任在我，如果不讓他們去，對他們打擊會不會太大？如果這種消極因素傳播開來，影響不好吧。公司花了這麼多錢，要是因為這兩個名額降低了效果太可惜了。

「我知道公司每一筆開支都要精打細算。如果公司能多拿出兩個名額的費用，讓他們有所領悟，促進他們來年改進。那麼他們給公司多帶來的利益要遠遠大於這部分支出的費用，不知道我說的有沒有道理。公司如果能再考慮一下，讓他們去，我會盡力與其他兩位部門經理溝通好，在這次旅途中每個人帶一個，幫助他們放下包袱，樹立有益公司的積極工作態度，老總您能不能考慮一下我的建議。」

第二天，老闆秘書通知我，公司決定給我們部門多增加兩個名額。

提出意見時，最忌諱的用語就是「你應該……」「你必須……」不論你的建議多麼好，與你溝通的對方只要聽到這兩個詞，頓時生厭，產生叛逆心理，大多不會採納你的意見。因為每個人都不願被別人當成孩子或低能兒，他們也不是「軍人」，隨時等著接受「將軍」的命令。大多數人聽到這兩個詞時往往這麼想：「我要怎麼做，還要你來告訴我嗎？……你以為你是誰？……」

別在老闆忙得不可開交的時候開口，在風平浪靜的時候抓住機會。適當地表現出你的決心，但不要像一頭怒吼的獅子，先給你老闆一塊三明治，告訴他你很熱愛你的公司，接著挾肉，說出你的諸多不滿，然後再說你願意與他共進退，這種方法柔化了你的淩厲攻勢，並且讓老闆知道你並不是他的一件工具。

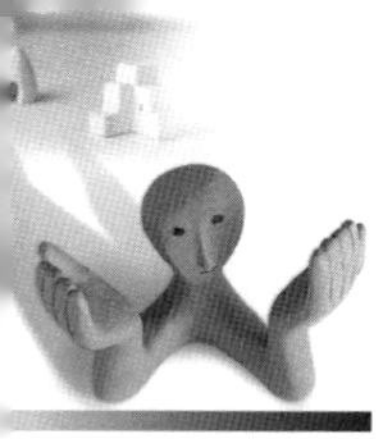

不給上司台階下，可是一件對自己非常不利的事情。他下不了台的時候，也許就是你處境尷尬的時候。

不要越級報告

很多做部屬的年輕氣盛時都可能犯過這樣的錯誤：當和自己的頂頭上司鬧意見時，就直接向更高一層的上司去報告，好讓他為自己「主持公道」。可誰知最後的後果卻往往不盡如人意。一般情況下，向更高層上司打越級報告對自己是沒有好處的，因為越級報告表示上司與部屬間的關係完全破裂，不可能妥協，頂頭上司必然洞悉這一點，認為兩者不能共存於一個部門，在二者選其一時，低階員工必成淘汰對象。此外，上司必須維護管理階層，雖然基層員工說得有理，他也不會隨便懲罰有錯誤的主管。況且越級報告的人，事實上破壞了公司的作業流程，使上司頭痛。就算僥倖成功，上司也會認為該員工有不忠的性格。就算是你的越級報告不是為了自己的個人私利，而是完全為企業的利益著想，成功的機會也是很小的。畢竟在目前的社會環境下，論資排輩的現象還不可能完全消除。

林漢岳從某國立大學中文系畢業後，分配到某報社擔任副刊編輯。他理論基礎紮實、才思敏銳。參加工作不久，由他編輯發表的不少作品被多種文摘類報刊轉載。他自己還勤奮創作，先後在各大報刊發表了大量作品，引起同業人士的關注。而且，在他的努力下，部門開展了不少團隊性的工作，均取得成功。由於林漢岳越來越受到同事及作者的尊重，影響漸大。部主任慢慢地感到了他對自己的威脅，開始排擠林漢岳，對他的合理性建議也不予採納。林漢岳不僅多才敬業，而且在事業上具有一定的開拓精神、創新點子。由於和部主任關係的「不睦」，他的一些想法無法付諸實施。於是，他乾脆越過部主任直接和總編輯去談，談他的計畫、想法，希望能得到總編的支持。結果不難預料，林漢岳的計畫不但沒能得到支持，還引起了部主任強烈的反感。對於總編來講，在林漢岳和部主任之間，他不能不考慮中層幹部的威信、情緒等因素，不能不維護管理階層；再者，越級報告事實上破壞了正常的管理模式，使總編憂慮。越級報告失敗，林漢岳的處境更難了。和部主任關係的惡化，致使他的工作極端被動。無奈，他只好提出申請，要求調去其他部門工作。

所以作部屬的一定要切記：越級報告不可取，尤其是不可濫用，就算是在迫不得已的情況下採用，也一定要注意照顧自己頂頭上司的尊嚴和威信，畢竟你是屬於他直接「管轄」的。

下面教您維護上司身份的幾點技巧：

要想讓上司認為自己很「識趣」，很有自知之明，你最好在下述幾種情況下保持沉默：

1. 上司考慮的事，不能隨便進言；

2. 上司開會講完話後的那句「誰還有什麼要說的」或「哪位有不同意見要談」，千萬不可當真；
3. 上司決定了的事徵求部屬意見時，一定要明白，這是在走過場，你說了也白說；
4. 上司批評某位同事時；
5. 上司遲到時，不能說「我等你好久了」之類的話；
6. 上司處理公事時，不要開口詢問。

此外，下述幾點要求你也必須切記，萬萬不可造次：

1. 在公開場合，譬如步入會場時，不能走在上司前面；
2. 陪同客人吃飯時，不能坐在重要位置；
3. 在辦公室不能動作太隨意。這樣，容易使人誤認為你目無主管；
4. 和上司外出上車時，要主動上前打開車門，等他坐好後你再上車；
5. 上司和別人談話時，不要站在跟前；
6. 和上司外出時，要替他拿好公事包；

7. 上司講話出現差錯時，不要立即指出並予以糾正。否則，會有失上司臉面，使他產生反感；

8. 在公眾場合，應把上司放在重要位置，不能隨意顛倒了次序；

9. 不要在別人面前表現得與上司過分的隨便和親近；

10. 上司理虧或做事不當時，要給他台階下，不要使他太難堪；

11. 即使不在公司或非工作場合，也要注意維護他的面子，不能把他放在與自己同等的地位上；

12. 對於上司的愛好或忌諱，都應表示充分的尊重；

13. 藏起鋒芒，不要使上司感覺到不如你。大多數主管都喜歡在部屬面前表現自己多才多藝，這樣，即使你在不少地方超過上司，也必須收斂；

14. 不能在背後發洩自己的不滿，對主管說三道四。對上司有意見，當面不能提的，也不要在背後嘀咕。須知「紙裡包不住火」，不知道什麼時候你的話會傳進主管耳朵裡，這樣後果更加不妙。

總之，你要時刻牢記，上司在任何時候都是你的上司，他永遠不可能同你站在一條起跑點上，就算他對你再好，你也只是他的部屬，你絲毫不可越雷池半步。

讓對方認爲是心甘情願

大多數上司是不易被部屬說服的，最高明的做法就是不讓上司有被說服的感覺，卻又要使上司採納自己的意見。卡內基說過：「推動別人的秘訣，就是讓對方自認為是心甘情願的。」

讓上司按他自己的標準來判斷你的方案，讓他出於自願而決定你的方案。朝著這個方向引導上司，這就是推動上司的竅門。

有些部屬往往喜歡從正面說服上司。如果你的上司比較豁達，不在乎部屬表達意見的方式，喜歡暢所欲言的部屬，你的正面說服方式不會造成什麼問題。但現實生活中，這樣的上司還是比較少見的。大部份的上司，都不太喜歡在他面前過於隨便、放縱的部屬。如果你不認識到這一點，在後一類上司面前過於直率驕傲地推薦你的提案，大都不會被通過。對一個富有經驗的上司，如果部屬從正面去說服他，而別人又在旁邊幫腔說這個方案如何好，反而會使上司感到懷疑，這個方案到底怎樣？另一個人是否是來為提出計畫的部屬說情的？兩個人是否串通一氣來遊說我？這便使上司產生了懷疑。倒是第三者這種旁敲側擊，拍擦邊球的方法運用得恰到好處，既表明了他對這個計畫的贊成，又含有比較客觀的成分，又給上司留有發表自己看法或意見的空間。既給了上司面子，又顯示出對上司的尊重。那麼，只要這個計畫本身確實好，上司就沒有理由不贊成。

這種做法就是凡事不要把自己放在正面的位置，要讓第三者巧妙地做見證，這就會產生良好的效果。

也有的部屬不知道採用適當的方法去說服上司，而是在上司面前無休止地說個不停，就連上司的思路也被多次打斷，上司最終也只能報以苦笑而馬上結束談話：「你的意思我知道了，你回去等等再說。」不錯，也許你有能力又很聰明，但你的聰明才智需要得到上司的賞識，而你在他面前故意顯示自己，則不免有賣弄之嫌。上司會因此而認為你是一個自大狂妄、恃才傲慢、盛氣淩人的人而在心理上覺得難以相處，彼此間缺乏一種默契。

所以，在你給上司提建議時，要掌握一定的技巧和方法：要盡可能地謹慎一點並仔細研究上司的特點，研究他喜歡用什麼樣的方式接受部屬的意見。一般情況下，大咧咧的上司可用玩笑建議法，嚴肅的上司可用書面建議法，自尊心強的上司可用個別建議法，喜讚揚的上司可用寓建議於褒獎建議法等等。

下面列舉兩位著名人物向上司提建議的技巧和方法，也許對你有所啟發。這兩位著名人物一個是美國第二十八任總統威爾遜的私人助理豪斯，另外一個就是史達林的高參華西里耶夫斯基。

1. **豪斯的「想法試管嬰兒法」**：在美國第二十八任總統威爾遜班底中的許多人，都覺得威爾遜像「一扇老橡木做的門」，絕大多數具有創意的意見都被他毫不留情地拒之門外。威爾遜能力過人，也非常自負，往往瞧不起別人的意見，甚至根本不予理睬。但有一個人例外，就是他的私人助理豪斯。豪斯的絕招其實很簡單。因為豪斯也曾遭受到無情的拒絕，總統曾告訴他：「在我願意聽廢話的時候，就會再次請你光臨。」聰明的豪斯經過苦心研究，終於找到了向上司進言的方法。在一次宴會上，豪斯很吃驚地聽到總統正把數天前自己的建議，作為總統本人的見解公開發表，此事使豪斯頓時覺悟，他得出結論：在提建議時一定要避免他人在場，要悄悄把意見移植到總統的心中。讓總統自己把這一天才的構思公之於眾，使總統堅定不移地相信，這是他本人想出的好主意。豪斯就是巧妙地運用這種方法使總統毫不猶豫地批准了許多重大的計畫。豪斯在若干年後回憶說：「我不願意稱那些計畫是我的，並不僅僅出於討總統喜歡。我的計畫充其量是一棵樹種，要長成參天大樹必須有土壤、水分、空氣和陽光。只有總統才具備這些條件。把樹種變成大樹的人，公平地說是總統。我只不過把種子移到了總統心中。」後人戲稱豪斯發明了「想法試管嬰兒」，而總統威爾遜才是這個偉大試驗的母體。

2.華西里耶夫斯基的「裝糊塗法」：大家對史達林都不陌生，在二戰中為戰勝法西斯德國也立下了汗馬功勞，他也有自己的「死穴」。在二戰中不知是什麼原因，他變得特別唯我獨尊，尤其是在對待部屬提意見這件事上，他往往是怒氣衝天。如大本營總參謀長朱可夫將軍曾建議放棄基輔城以免遭德軍的合圍，然而這一具有戰略意義的建議，卻被史達林認為是胡說八道，並一怒之下把朱可夫趕出了大本營，之後，基輔城果然遭受合圍，守城的蘇軍精銳部隊全軍覆沒。雖然史達林有錯，但朱可夫作為部屬未能讓上司接受建議也當有過。

另一位蘇軍大本營參謀長華西里耶夫斯基，進言策略卻很高明。在史達林的辦公室裡，華西里耶夫斯基常以談天說地式的閒聊方式不經意地說出自己的建議，令人稱妙的是等他離開以後，史達林往往就能想起一個好的計畫，不久史達林就會在軍事會議上陳述這個計畫。華西里耶夫斯基本人會像大家一樣用驚訝的神態贊許史達林的深謀遠慮。

華西里耶夫斯基在軍事會議上也發表見解，但他的發言很特別，他首先講幾條正確的

意見，卻顯得口齒不清、支支吾吾，甚至用詞不當、含糊不清。因為他坐在史達林的旁邊，只要史達林明白是什麼意思，別人是否明白並不重要，然後他再畫蛇添足地講幾條錯誤的意見，每當這時他就精神來了，而且口齒也變得無比的靈巧。然後就必然得到史達林的一通批評，使得在場的人膽戰心驚。

事後往往有人嘲笑華西里耶夫斯基神經出了毛病，是個標準的受虐狂，而他卻有自己的見解：「我如果也像你一樣聰明，一樣正常，一樣期望受到最高統帥的當面讚賞，那我的意見也就會像你的意見一樣，被丟到茅坑裡去了。我只想我的進言被採納，我只想前線將士少流血，我只想我軍打勝仗，我以為這比討史達林當面讚賞重要得多。」

看了上面這兩位著名人物向上司提建議的技巧後，你自己是否會有一種豁然開朗的感覺：原來是這樣的呀！怪不得每次我提的建議都被上司像丟廢紙一樣丟到垃圾筒裡去了！

此外，你還要注意當你給上司提意見或建議時，還必須看他當時的心情如何，如果他心情好，那麼可能會一切順利，而如果他心情不好，那你可要小心了，就算你採用再高超的技巧，往往也是白費功夫。恰當的做法是如果上司當時心情很好，你可以針對一些現有的問題提出具體的意見，以便讓上司採納並且支持你。而當上司心情欠佳時，你不妨試探性地提出一些帶有建議性的計畫，可供上司參考，這時千萬不要向他提出什麼要求，以免惹得上司厭煩而否決了你的要求。當你對上司提出意見時，必須要有憑有據特別是在涉及人事問題時，一定不要讓上司認為你這是在有意針對某人。這樣會令上司無法重視你的意見，甚至會產生反感。當上司向你提出問題或問及你對某件事情的意見時，你千萬不要表現出茫然不知的樣子，對於你工作範圍內的事情你應對答如流。這樣你才會在上司心中留下一個好印象，才會有出頭之日。

在對他提意見時，你最好可先尋找一些自然、活潑的話題，令他充分地表達意見，你適當地再做稍許補充，提一些問題。這樣，他便知道你是有知識、有見解的，自然而然地認識了你的能力和價值。你切不可用上司不懂的技術性較強的術語與之交談。那樣做，他會認為你是故意難為他；也可能還認為你的才幹對他的職務將構成威脅，並產生戒備而有意壓制你。

當然也許有人會這樣問：我採用上述方法使上司接受了自己的意見和建議，可是這對我有什麼好處呀？況且也有可能使上司認為那只是他自己的優秀設想，是自己聰明能幹，和旁人無關，我豈不是吃力不討好？其實這種擔心是多餘的，因為即使上司無意採用你的構想，但最低限度，他是第一個認同你這「優秀構想」的人，你的智慧雖不如他，也差不到太遠。

日後要拔擢部屬，自然你是首選人物。但是你也要注意雖然你出力為上司完成重要的計畫，取得美滿業績，按理應獲稱讚及獎勵，才華有機會展現，自然感到興奮。不過，在這裡提醒你不要太得意洋洋——你曉得「兔死狗烹」的意思嗎？你的上司當然未必會因你有功而迫害你，但鋒芒過露、功高震主，不免容易將自己陷於危險的境地。歷史上很多故事和傳說相信你也都略知一二，所以要懂得適時地功成身退。

總之，無論你所面對的上司是一個怎樣的人，你都要尊重他們，尤其是對於那些有很多缺點的上司。他雖然有很多缺點，但能成為你的上司，肯定是有強過你之處，你要多看他的優點和長處，不要緊盯他的缺點不放。而且你也明白你的工作能力、工作性質決定了你對職業的選擇範圍也有一定的侷限性，並不是所有的公司都適合你，如果你僅僅因為不尊重上司而丟了工作，就算是你到別的公司應聘時，他們也有可能會到你原來的公司去瞭解你的情況。試想當得知你是不尊重上司的人，那麼他們還會聘用你嗎？因此，不管是從哪方面來說，為你的前途或者你的生活著想，你都要對你的上司多一份理解、多一些尊重，逐漸清除他對你的戒備。只有如此，你才有可能會很快得到提拔和重用，才有可能實現自己的理想和人生價值。

故意留點破綻

品藩和釗閔是大學同學，畢業後又同在一個部門工作。每當品藩向主管請示彙報工作時，總是滴水不漏，面面俱到，生怕讓主管看出問題，挑出毛病。而釗閔呢？時常丟三落四，想問題不周全，因此導致主管對他進行一番具體的評判指導。同一項工作，品藩總是靠自己去獨立完成，而部門的其他人總是非常願意幫助釗閔，甚至主管也不時地對釗閔的工作予以指點。

品藩與釗閔大學相處四年，對他非常瞭解。品藩非常細心，而且具有很強的獨立完成工作的能力。同事們非常喜歡和品藩交往，主管也似乎並不因為釗閔的粗心大意而不滿，而且有什麼問題還特別願意找釗閔商量，至於對待品藩總是不冷不熱。一來二去，釗閔在辦公室的地位不知不覺地有了提升，大有成為未來主管的趨勢。而品藩呢，儘管工作依舊十分努力，卻總是無法得到主管的青睞，品藩對此頗為不解，因此陷入了深深的苦惱之中。

品藩想把每一件工作做得盡善盡美，不讓主管挑出一點毛病，主觀上的動機是好的，但客觀上卻沒有給主管留下發揮的餘地。此舉給主管的暗示可能是：拒絕承認主管比自己高明。要知道，主管總會有辦法證明自己比部屬高明。雖然未必會給品藩穿「小鞋」，但不可否認的是，主管的心中是不會接納品藩的。

而釗閔則深知其中奧秘，在主管面前總是有意識地顯得有些不「成熟」，從而引得主管對其工作評頭論足，增加與主管接觸的機會。而主管也由此充分展示了自己的才幹，顯示了比部屬的高明之處，從中找到了優越的感覺，自然也就願意對釗閔的工作加以關照。因此，釗閔受到主管重視是自然而然的事情。

這種主管是典型的「武大郎開店」，既承認你的能力，又怕你取代他的位置。所以你要時時請教他並和他經常溝通，誠懇地請求他的指點，給主管展示才能的機會。當然，也要讚揚主管有你沒有的長處，這樣才可以消除他的嫉妒，滿足他的權力欲和自以為是的虛榮心。

嫉妒心強的上司有能力差的一面，也有能力強的一面；你水準高，也有弱的地方。把姿態放低，對人更有禮，更客氣，千萬不可有倨傲的態度，這樣就可適當降低上司對你的嫉妒，因為你的低姿態使上司在自尊方面獲得了滿足。因此你必須注意以下三點：

1. **不要穿得太名貴**：切勿穿得比自己的上司更好。身為部屬，穿著比上司更體面，多少都會讓上司反感。有時候，連上司本人也不一定清楚自己究竟為什麼會對某一個部屬沒有好感，原來衣著是其中非常關鍵的因素。

2.在辦公室閒聊時，不要拿主管開玩笑：一些上司採取平易近人的「親民政策」，在辦公時間偶爾也會與部屬談論說笑。但要記住，他可以這樣做，並不表示做部屬的也可以這樣做。

3.開會時不要在上司面前滔滔不絕地發表意見：你自以為很了得，殊不知，實際上是在自招禍患。所謂言多必失，在上司面前更要警戒。作為部屬，最忌諱的是上司說一句，你卻說了十句。特別是有人當眾說你比上司更有才華時，上司會因此感到自尊心受到傷害，嫉妒不已。

「小火鍋」的風波

商場上的人事關係錯綜複雜，絕非盡講經濟效益那麼簡單。在部屬建功和因此使老闆失去威儀之間，老闆往往因為記恨而抹煞建功者的功勞並加以報復。所以精明者總是以拙示人，而不居功自傲。

這是商場中許多有能之士卻不得志的根本原因。他們精於謀商，卻敗在拙於謀身，以下的故事，對此有更深的提示。

不到三十歲的德明，居然當上了羅茜莎西餐廳的總經理？

當然，如果不是其岳父操控了羅茜莎西餐廳的控股權，寒門出生的德明即使能力再強，人再帥氣也沒這麼快坐上總經理的位子。其岳父手一指，原為分店店長的德明成為全公司的總經理了。

德明非等閒之輩，名牌大學食品專業畢業又在國外待過兩年，回國後又從底層幹起，從領班到店長，對餐廳的經營，早有「經國之大志」。所以才上任，德明就帶領各分店店長，到日韓作了考察，而且立刻有了成果。

「看看漢城那家小火鍋連鎖店，多發！多賺！」在回程飛機上德明特別從頭等艙走到經濟艙；對二十多位店長宣佈：「我現在已經決定，回去就發展這種小火鍋，我連韓國製造火鍋的廠商都搞清楚了，保證成功，而且這是創舉，在國內定能轟動。」

機艙裡立刻爆發一片掌聲；除了一個人——高建明，沒等掌聲落下，就拉著嗓子喊：

「總經理啊！可是你想想咱們是西餐廳，桌椅都是進口的材料，又是高級地毯，你這火鍋往上一放，水開了，蒸氣再往上跑，涮的時候，難免又濺出來，這損失不就大了嗎？」

下面開始交頭接耳，聽見一些低低的附和：「對呀！可不是嘛！」

高建明還沒完，對大家笑笑：「而且，西餐廳裡講究的是氣氛，東一鍋、西一鍋，既冒火、又冒煙，不是不倫不類嗎？」「什麼不倫不類？」德明火了，「你吃過瑞士火鍋沒有？不但冒水氣，還冒油煙呢。一句話，我這麼決定了，下個月就進貨，立刻印海報。登廣告，百分之百成功！」

突然間，各報都刊出了大幅的小火鍋廣告。

每家連鎖店前，除了貼滿大布條、大海報，還插滿了旗子，推出期間，特價優惠。這特價優惠，原定兩個星期，沒想到，欲罷不能，居然持續了半年。這欲罷不能是不得已呀！

推出第一天，明明是元月，偏偏熱得跟盛夏一樣，客人進來，都喊熱；還有好多，抬頭一看是小火鍋，轉身就出去了；接著，又是梅雨，加上小火鍋一蒸一烤，牆上的壁紙居然自己開口，從頂上脫落，害得各分店急著用膠條把壁紙黏回去。

黏回去？多難看！可是跟桌、椅、地毯比起來還算好看呢！正中了高建明說的，豪華的傢俱全完了，才半年，這高級西餐廳不但變得不倫不類，老顧客不再上門。連有限的幾位捧

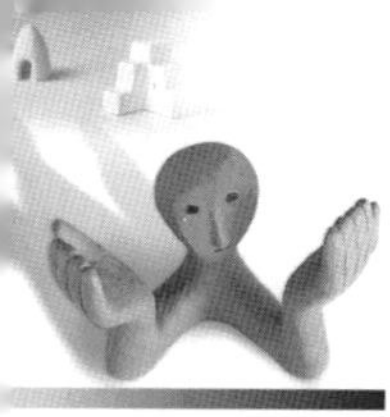

小火鍋場的顧客都不來了，說這餐廳太老舊、不求進步。其中唯一的例外，是高建明負責的那家店。

高建明求進步，他雖然好像服從總公司的命令，進了一批小火鍋，可是他不宣傳，更不推薦，只當小火鍋不存在。甚至碰上看廣告要來嚐新的顧客，高建明都搖搖手笑笑，小聲說：「講句實話，我自己都不敢恭維這種東西，我勸您，還是點西餐吧！我們是西餐廳嘛！哈哈！對不對？」

高建明那家的生意居然一天比一天好，每月一次的店長會議，高建明在下面，雖不說話，他的笑，卻一次比一次……讓德明不舒服。

「當然啦！有些不喜歡看到火鍋的客人，會一起跑去火鍋少的分店，這不是那家店好，是走歪運。」德明安慰大家，「繼續堅持，什麼新東西，要造成風氣，都得花點時間。」

只是，話才說完，有一家店就出了亂子。火鍋下面的小瓦斯爐，先是點不著，點一次兩次，居然轟一聲，蹲在那兒點火的店員立刻進了醫院。跟著另一家店也發生意外，是壁紙沒黏牢，掉下來，正碰下面小火鍋的火，著了起來，雖沒釀成大禍，救火車一澆，卻全「泡了湯」。

偏偏這時候高建明的餐廳被市政府選為衛生安全評獎的第一名，高建明自己發了新聞，還開了慶功宴。慶功宴居然發諸帖給各分店的店長，以及總經理。聽說大家都去了，除了德明之外。

德明頭疼了，思前想後，幾天失眠。人不用說話，數字會說話，從他上任半年來，公司的業績跌了三分之二。

「我錯了！」德明主動去見老岳父，「我做了錯誤的決策，我想明天就宣佈，各分店全部放棄小火鍋。」

劉老頭鐵青著臉，正盯著財務報表看，聽德明這麼說，那鐵青突然變成通紅，狠狠拍一下桌子，霍地站了起來：

「你沒錯！你現在宣佈改回去，就真錯了！」

上方把原來寫好的公文壓下了，換上另張——

「〇〇分店不配合總公司決策，有違團隊精神，也有損公司整體形象。經董事會決議，店長高某應予免職，即日生效。」

高建明走人了，他那家副店長很識時務，立刻搬出小火鍋。只是，才端出，就接到總經理辦公室秘書的電話：「你們分店維持原來的經營方式，不必推出小火鍋。」

又過幾天，新的命令又發佈：「經測試，推出小火鍋的時機尚未成熟，下周起，各店均撤銷小火鍋，並進行全面整修。」

看完這故事，你會不會想：劉老頭未免太毒又太笨了。德明不是料，正需要高建明這樣的人才來輔佐；而且高建明為公司賺了錢，明明該賞的時候，你為什麼反而「恩將仇報」，把高建明開除了呢？如果你認為高建明做得不對，又為什麼在高建明滾蛋之後，立刻把原來的計畫廢除；而全照高建明的方法去做呢？

不知你有沒有看過史帝芬史匹伯導的《辛德勒名單》，如果你看過，你可記得當集中營裡蓋房子，德國軍官用的方法不對，一位猶太女工程師說那樣一定會垮的時候，德國軍官怎麼做？他先一槍打死那猶太專家。再告訴下面人，照「她」講的方法去改。這電影情節是根據史實改編的，請問他為什麼先把專家殺掉，又立刻照專家的方法做呢？

這跟老頭的做法不是一樣嗎？對的！從這個角度想，你可以說高建明算走運，幸虧他是在餐館做事，要是換作以前的「軍中」或「宮廷」，只怕他已經人頭落地了。

進一步想，高建明如果當時不曾當著各分店店長的面，指出德明的決策不對，而自己偷

不給上司台階下，可是一件對自己非常不利的事情。他下不了台的時候，也許就是你處境尷尬的時候。

偷不照計畫施行，也不對外發新聞，高建明會滾蛋嗎？

劉老頭沒錯！從人性和領導統御的角度看，如果德明在開除高建明之前先宣佈自己的計畫失敗，豈不是惹得大家偷笑，他以後還怎麼領導？他還有什麼「威儀」？又怎麼服人？

所以與那德國軍官一樣，劉老頭教德明——先殺再說。先教人頭落地，使下面人收起心裡的「笑」，再說。

自古以來，愈是有能力的主管，愈心寬，愈能容得下人。像是貞觀之治的李世民，他當然有心胸「察納雅言」，就算魏徵當著大家的面指出他的不是，他也不會把魏徵殺了，甚至讚美魏徵可以使他「知得失」。這是因為李世民功業彪炳、智高謀深令人敬服，更因為他是獨一無二掌握生殺大權的皇帝。沒有功績和威望的德明怎能相比。

你想想，如果德明上臺之後，多半的構想都成功，為公司賺了大錢，只有這一個小火鍋的案子失敗，他會把高建明開革嗎？恐怕他還會當著大家的面說：「只怪我沒聽高店長的話，以後大家有想法；可以儘量提出。」因為他的「功」足以掩他的過，所以他有本錢認錯，認了錯，反而能讓大家覺得他「寬厚、開明」。看了這許多，你就要知道，在一個團體裡，你不是不能發表跟主管相反的意見，只是發表前你先要想想那長官有沒有接受指責的雅

量和本錢。然後，你就可以決定「說」還是「不說」，或者「怎麼說」。

孔子講得好——「邦有道，危言危行；邦無道，危行言孫。」什麼叫「言孫（遜）」？言遜就是你用低姿態去說話。

現在，讓我們回到原來的故事。

如果你是高建明，你要怎麼辦？你可以如高建明那樣直言相告。你也可以「將在外，君命有所不受」自己偷偷做自己的，但不出外張揚。你更可以在史總已經決定之後，就放棄自己原來的想法，全力推動小火鍋。

對的！全力推動那個你知道「成不了事」的小火鍋。你要假設，如果那是軍令或投票的結果，你能不服從嗎？你又能因為投票的都是「無知的民眾」而不遵行嗎？什麼叫民主！「民主」是你可以在投票之前爭得面紅耳赤，結果出來之後，即使不如你的想法，你也要遵守少數服從多數的制度。什麼是員工？「員工」是你可以透過管道建言，但是上面決策下來，你明知不對，也全力以赴。再不然，就作另謀高就的部署。

在民主社會裡，最有害的是那些投票結果合你意，就高喊「民主萬歲」；不合意，則翻票箱喊冤的人。也是那些能反對的時候不反對，後來卻放馬後炮、消極罷工的人，即使他放得對，在團體裡也是禍害；瞭解了這一點，你就會知道，如果高建明要保住自己的飯碗不難，你只要在主管或上級決定之後，立刻放棄己見：全力幫主管就成了。

這就是人性！不要感嘆人性可悲，因為你也是人，這也是你的人性。

換你作劉老頭，你也一樣得叫高建明捲鋪蓋呀！

上司面前認錯的藝術

在與上司相處的過程中，你難免會說錯話，辦錯事，輕則造成上司不悅，重則造成工作上的損失。所以，一個好部屬應是隨時自省、勇於認錯的人。你越是能推功攬過，知錯認錯，上司就越發器重你，上下之間的感情就越融洽。因此，勇於認錯不失為與上司協調人際關係的一條秘訣。在與上司相處的過程中，發生差錯是在所難免的，關鍵在於是否知錯改錯。如果固執己見，有錯不認錯，知錯不改錯，那麼久而久之，你與上司之間就會產生裂痕，最終很可能是「不歡而散」。因此，作為部屬，在自己說錯話、辦錯事後，一定要保持

冷靜，正確處理，切不可做出後悔莫及的事情來。

1.要勇於認「過」：能否做到敢於承認自己的過錯，這也是衡量你成熟與否的重要指標。尤其是在自己做錯事情但一時還沒有認識的情況下，更要有敢於認「過」的勇氣和誠意。勇於認「過」，首先要有自知之明，不自以為是，以為自己從來不會做錯事說錯話，那是十分幼稚的。其次是要嚴於解剖自己，不自己原諒自己，哪怕只有百分之一的過錯，也要當作百分之九十九的過錯來對待。當然敢於認「過」不等於處處違心地接受批評，一時可以「代人受過」，事後還是要向上司說明事情的原委，以便上司明白真相。

2.要主動攬「過」：主動攬「過」，是對事業高度負責和待人以誠的具體表現。如何對待成績，可以看出一個人的本色。如何對待過失，往往更能考驗和認識一個人。所以，主動攬「過」應該成為好部屬必須具備的品德。首先，由於上司決策不當，使你在工作出現失誤或遭受挫折時，你應該恰當地表達你的攬「過」之情，以寬上司之心，分擔由此而造成的壓力。這樣做，既表示了你對上司的關心，也會贏得上司的信任。其次，當同事發生過失時，千萬不可幸災樂禍，或把功勞歸於自己，把錯誤歸於他人。要高姿態地主動承擔自己應負的責任，從嚴於責己的高度分擔一些本應由他人承擔的責任。這樣做，對增進上下級之間的友誼是十分有益的。再次，當上司表揚自己，批評他人時，要主動檢查自己的不足，多講他人的長處，以減輕他人的壓力。

3. 要積極改「過」：勇於承認自己的過錯，這只是改「過」的前提，上司看重的往往是你如何改「過」。在如何改「過」上有幾種態度：一種是當面表示誠懇接受「批評」，口若懸河般地表示改「過」的決心，但事後不思悔改，我行我素。另一種態度是當面認錯，事後積極地改「過」，而且當面認識到的過錯認真改了，當面沒有認識在事後認識到的過錯也一併改了。這種態度是上司最歡迎的。

在勇於認錯的同時，也要防止出現以下三種情況：

1. 不要耍兩手策略：作為部屬，與上司朝夕相處，應該有話說在當面，切忌當面不說，背後亂說。尤其在受到上司批評後，更不能「見人說人話，見鬼說鬼話」，有意見有想法不在上司面前說，而是背後不分場合地到處亂說，這實際上是一種兩手策略的行為。因此，在向上司認錯後，不應該在另外的場合發洩不滿。如果那樣，不論你是有意識的，還是無意識的，都會招來撥弄是非之嫌。

2. **不要給上司留下弱者的形象：**勇於認錯固然可貴，但唯唯諾諾，俯首貼耳，像「小綿羊」一樣，無論上司說什麼都點頭稱是，那也容易給上司留下懦弱的印象。既要勇於認錯，又要善於認錯。不要完全把自己置於「受氣包」的地位，任憑上司批評而不吭一聲。要認得有理，認得恰當，使上司感到你是顧全大局，很有修養的人。

3. **要防止陷入被動：**今天認個錯，明天又認個錯，日久天長，容易給上司留下「只會認錯，不會辦事」的感覺。因此，認錯的事最好不要經常發生。要努力創造工作成績，讓上司滿意，讓上司經常表揚你；覺得你是一個舉足輕重的人，讓他感到你不在他身邊就不方便。這樣，你就會處於主動地位，你的工作也就易於得心應手了。

不可不慎的面子問題

第八章・同事間的應酬術

同事是你朝夕相處、共同合作的夥伴，如果遇到尷尬或者困境，你不給他台階下，不給他留面子，很有可能在以後，他就會給你添麻煩，甚至對你以眼還眼。

夾著尾巴做人

中國文化屬群體型文化，強調共同性，忽視個體性，崇尚同一，排斥特殊，反對自我表現，反對弘揚個性的「自私自利」。

傳統文化仍對當代生活有影響，這也是給別人台階下時要考慮的因素。給別人台階比表現自己更是個大題目，不僅涉及的範圍、層面更廣更多，而且更能看出一個人的素質與深度。古今中外凡成大事者，無一不是善於給別人台階的。所謂「天才就是長期的忍耐」，也包含這個道理。表現自己容易，給別人台階則難。

給別人台階，從大處來說，比如不違法亂紀，不惡意傷人，不貪佔別人的功勞和便宜，不張狂傲氣等等，這都是為人處世的基本準則和常識，不必贅言。

對職場人士而言，有三個要求值得特別注意：

1. **要在競爭中有群體感：**競爭是十分正常又非常重要的。不過，人類總是有弱點的。我們經常會在不需要競爭的情況下一味地「追求」競爭。例如很多人在開車時都不願讓其他的車輛超過自己；又如當看到一個理想的停車位時，我們都會搶著要爭到它；還例如當看到有很多人在排隊，我們就會下意識地加快腳步，以求得一個相對前面的位子。更大的毛病

同事如果遇到尷尬或者困境，你不給他台階下，很有可能在以後，他就會給你添麻煩，甚至對你以眼還眼。

是，在競爭中不是追求正當的自利，而是囿於狹隘的自私。只想自己，忘了別人。只顧個人，不顧團體。斯坦福大學的管理學專家哈樂德·萊維特教授說：「要想成就大事，人們必須與他人共同工作，而這就要求你有群體感。」十八世紀的經濟學家亞當·斯密因其「看不見的手」理論而聞名於世，該理論是一套篩選系統，認為最合適的人才能生存下去，而那些相對不適合的人則會在其他地方找到自己的位置。而他同時又提出了「同情」理論，其定義是「對他人給予適當的關心和尊重，這也是文明社會的基石。」綜合斯密提出的兩種概念，實際上也就是競爭與合作的融合。

2. 要運用理智支配情緒：人在社會、家庭，幾乎隨時都可能碰上令人不快之事。職場尤其突出。能否升官、加薪、獎金有無多寡、工作難易、人事糾紛、人言可畏等等，太多的大小事情都衝擊人的感情，影響人的情緒。但明智的選擇只有一個：一定要用理智控制情緒。感情應時時受到理智的支配，一個情緒性太強的人大多被認為神經質，這種人易給別人一種不成熟不合群的感覺，不僅人緣隨之而去，連實際利益也最終受損。只有言談舉止始終保持常態，在公開場合上隨圓就方，才會取得別人的認同。隨圓就方就是一種高明的自我控制，能贏得好人緣好結果。

3. 要留心一些容易忽略的小事：比如加班別留後遺症。別人都歡天喜地地過節時自己偏得加

班，那是什麼心情？「要是不加班一定舒舒服服地睡上一大覺，然後去餐廳吃頓可口的，再去看電影……」如果你讓這種假設繼續下去，那麼你加班的心情一定要壞到底，工作效率也好不到哪去。不如換個角度，既然必須得加班，那何不趁這個時候做一些平時沒時間做的事？因為加班時更多是靠自覺，所以很多女性喜歡把男朋友或丈夫帶到辦公室「陪」加班，或者到別人辦公室東摸西碰，還有就是抱著電話一打就是幾十分鐘。類似的減壓法是不適宜的，儘管它們可以幫你一時輕鬆，但會留下不少後遺症。再如不要張揚自己的家產或業餘休閒。就算你新買了別墅或利用假期去歐洲玩了一趟，也沒必要拿到辦公室來炫耀，有些快樂，分享的圈子越小越好。被人妒忌的滋味不好，因為容易招人算計。無論露富還是哭窮，在辦公室裡都顯得做作，與其討人嫌，不如知趣一點。

九種危險人物

有些危險人物要格外注意，如果不注意給他們台階下，就會吃這些人的虧。

同事如果遇到尷尬或者困境，你不給他台階下，很有可能在以後，他就會給你添麻煩，甚至對你以眼還眼。

1. **應付口蜜腹劍的人：**應付這種人，最簡單的方式是裝作不認識他，每天上班見面，如果他要親近你，你就找理由馬上閃開。能不做同一件工作，儘量避開不要和他一起做，萬一避不開，就要把這一天的工作記下來，留下工作記錄，以備日後做依據。

2. **應付吹牛拍馬屁的人：**當碰到這樣的同事時，不可與他為敵，沒有必要得罪他，平時見面還是笑臉相迎，和和氣氣。如果你有意孤立他，或是招惹他，他就可能把你當作向上爬的墊腳石。

3. **應付尖酸刻薄的人：**這種人在公司裡一般是不受人歡迎。他的特徵是和別人爭執時往往挖人隱私不留餘地，同時冷嘲熱諷無所不至，讓對方自尊心受損顏面盡失。這種人平常以取笑同事為樂。如你被上司批評了，他會說，這是老天有眼。你和同事吵架了，他會說，兩個都不是好東西。你去批評部屬，他會說，現在社會還有惡霸等等。同這種人要保持距離，不要惹他。萬一吃虧，聽到一兩句刺激的話或閒言碎語，就裝沒聽見，千萬不能動怒，否則只會自討沒趣。

4. **應付挑撥離間的人：**同樣是一張嘴，有人用來吹牛拍馬屁，有人用來諷刺損人，有人用來挑撥是非離間同仁。這種人給公司帶來的殺傷力非常大而且很迅速。如果碰上同事中有

同事如果遇到尷尬或者困境，你不給他台階下，很有可能在以後，他就會給你添麻煩，甚至對你以眼還眼。

此類型的人，除謹言慎行及和他保持距離外，最重要的是你得聯絡其他同事，建立聯防及同盟關係，將他孤立起來，如果他向任何人挑撥或離間，都不要為之所動。

5.應付雄才大略的人：這種類型的人胸懷大志，眼界開闊，而從不計較一些小的得失，他們在工作時，時刻不忘充實自己。他們廣結良緣，除了完成自己的工作外，還會幫助別人和指導同事。雄才大略的人，見識往往異於常人，思考邏輯方式也有其個人特色。這種人在時機不成熟時，可以忍耐。一旦時機成熟，就會奮臂而起。如果遇到雄才大略的同事，只要利害一致，大可共創一番轟轟烈烈的事業。如果一山不能容二虎的話，可各取所需，各享盛名，各得其利。如以上都行不通的話，你就全心全意地幫助他成功，最少自己還可留下識才的美名。

6.應付翻臉無情的人：這種人最大的特徵就是翻臉如翻書。在他翻臉時，你不要問他理由，也不必述說從前對他的恩情和助益，這時他一個字都聽不進去。這種人似乎得了一種「忘恩記仇病」，只要一點小事不順他的心，就全盤翻覆。翻臉無情的人利用這種方式來處理他的人際關係，是無往不利，又佔盡便宜。他知道每次利用完別人，又找到新的利用對象時，此時就可翻臉。如遇到這種人，不必同他一般見識。儘量避免同他發生利害關係，各做各的工作，隨便他怎麼翻臉也與你無關。

7.應付憤世嫉俗的人：這種人對社會上的一些現象非常看不慣，認為社會變了，人心險惡。同這種人共事，說不上什麼好與壞，只要他氣憤的事不是公司的福利，對你來說這只是他的個人行為，如果他對公司的福利制度有意見時，你就沾光了，他往往會犧牲自己，為大家謀來一些好處。

8.應付敬業樂群的人：這種人工作態度和做事方法很好，頗受同事的肯定和愛戴。凡他所在的公司，都會有不錯的業績。他會感染其他人，讓同事關係朝著正面的方向發展，給大家帶來一個合作、和諧的工作環境。同這種類型的人一起工作時，要學著和他一樣敬業樂群。只要你的表現不是那樣，一定會被他比下去。

9.應付躊躇滿志的人：這種人不曾嚐過失敗的苦頭，因此他們不怕失敗，對任何事情都有自己的見解。他們一般不能接受別人的意見，如果你聰明一點，就不用和他爭辯。要知道一個長久不曾失敗的人，是因為他的智慧，而不是他的運氣。同這種類型的同事打交道，不能太順著他，只有讓他嚐到一些失敗的苦果，才能真正地改變和幫助他。

給對方下台階的原則

聰明的人在與其他同事交往的過程中，說話辦事有理有據、有禮有節，很有分寸，從不把話說死說絕，說得自己毫無退路可走。

人人都有自尊心和虛榮感，甚至連乞丐都不收嗟來之食，那正是因為太傷自尊，太沒面子，更何況是地位相當、平起平坐的同事？縱使難相處的同事犯錯，而你是對的，如果沒有為他保留面子就會毀了一個人。

保留他人的面子！這是很重要的問題。而很多人卻很少會考慮到這個問題。他們常喜歡擺架子，我行我素，在眾人面前指責同事，而沒有考慮到是否傷了他們的自尊心。其實，只要多考慮幾分鐘，講幾句關心的話，為他人設身處地想一下，就可以緩和許多不愉快的場面。

《聖經・馬太福音》裡有句話：「你希望別人怎樣對待你，你就應該怎樣對待別人。」這句話被大多數西方人視為待人接物的「黃金準則」。真正有遠見的人不僅要在與同事的日常交往中為自己積累最大限度的「人緣」，同時也會給對方留有相當大的迴轉餘地。給別人留面子，其實也就是給自己留面子。言談交往中少用一些「絕對肯定」或感情色彩太強烈的

同事如果遇到尷尬或者困境，你不給他台階下，很有可能在以後，他就會給你添麻煩，甚至對你以眼還眼。

語言，而適當多用一些「可能」、「也許」、「我試試看」和某些感情色彩不強烈、褒貶意義不太明確的中性詞，以便自己「伸縮自如」是相當可取的。

你是否遇到過這樣的尷尬：剛剛換到一個新的工作崗位上，總會感到萬分彆扭，戰戰兢兢，對很多事情都是既新鮮又提防，總想儘快磨合，適應新環境，可是一些難相處的同事卻是對你愛理不理，甚至在一些事情上還故意跟你做對，使你覺得簡直無所適從。該如何面對這種處境呢？最好不要再寄望於對方向你伸出援助之手，哪怕自己多辛苦些，延長點工作時間。也不要想盡辦法要求對方的幫忙，否則搞不好還會弄巧成拙，徒添煩惱。你不要與他斤斤計較，目前要努力完成自己的任務，你要給對方時間，他對你這個新同事有個逐漸接受的過程。或者你可以嘗試著去瞭解他們，儘量做到化敵為友。同時還應捫心自問，無法與對方精誠合作的原因究竟出在對方，還是出在自己的身上？自己是不是也應該負一點責任，努力營造愉快融洽的氣氛？

與同事相交，應本乎誠，當他需要你的意見時，不要使勁給他戴高帽，做無意義的讚美；而當他遇到任何工作中的困難時，要盡力而為伸出援助之手，而不是冷眼旁觀、落井下石或趁人之危；當同事無意中冒犯了你，又忘記或根本沒意識到說聲「對不起」時，也應該有一個寬宏、豁達的態度，真心真意原諒他，日後一旦要有求於你，還要毫不猶豫地幫助

同事如果遇到尷尬或者困境，你不給他台階下，很有可能在以後，他就會給你添麻煩，甚至對你以眼還眼。

他。這都是給難相處同事面子的表現。你也許會問：明明我有理，為什麼還要給他們那麼大面子呢？原因很簡單，因為他是你的同事，你不能夠得理就不饒人，就不給別人面子，畢竟你每天有三分之一或更多的時間與同事相處在一起，你能否從工作中獲得快樂與滿足，是否能被人稱為敬業樂業，同事們都扮演著一個很重要的角色。

試想，如果一大早你滿懷熱情地衝進辦公室，準備大拼一場時，竟發現人人對你視若無睹，誰都不願主動與你說話，更不會有人與你傾吐工作中的苦與樂，你還會有心情好好工作嗎？

當然沒有！因為你現只想知道：這是為什麼？

那麼，你可以仔細想一想自己是否有以下表現：

當大家難得聚在一起聊天的時候，你是否仍然自命清高地去做自己的工作，從來不走過去參與其中，開上一些無傷大雅的玩笑或談些家務瑣事？

你是否很不負責地隨便把同事告訴你的話轉告了上司？

當同事在你面前有意無意地表現自己有多能幹，有多受上司的寵幸，你是否不但從不稱讚、祝賀他們，還總是顯出一副不以為然並頗帶嫉妒的樣子？

所有的這一切都是你不給別人面子，所以別人才會冷漠回應你。

同事相處主要的就是相互合作，共同做事。若要合作愉快，就要和善、真誠，如果始終心存芥蒂，又寸步不讓，最終就只會弄得成事不足、敗事有餘。你知道這樣做的後果是多麼的可怕。

戰國時代有個名叫中山的小國。有一次，中山的國君設宴款待國內名士。當時正巧羊肉羹不夠了，無法讓在場的人全都喝到，有一個沒有喝到羊肉羹的人叫司馬子期懷恨在心，便到楚國勸楚王攻打中山國。

楚國是個強國，攻打中山國易如反掌。中山被攻破，國王逃到國外。他逃走時發現有兩個人手拿戈跟隨他，便問：「你們來幹什麼？」兩個人回答：「從前有一個人曾因獲得您賜予的一壺食物而免於餓死，我們是他的兒子。臣的父親臨死前囑咐，中山有任何事變，我們必須竭盡全力，甚至不惜以死報效國王。」中山國君聽後，感歎地說：「怨不期深淺，其於傷心。吾以一杯羊肉羹而失國矣。」意思是，給與不在乎數量多少，而在於別人是否需要。施怨不在乎深淺，而在於是否傷了別人的心。我因為一杯羊肉羹而亡國，卻由於一壺食物而得到兩位勇士。

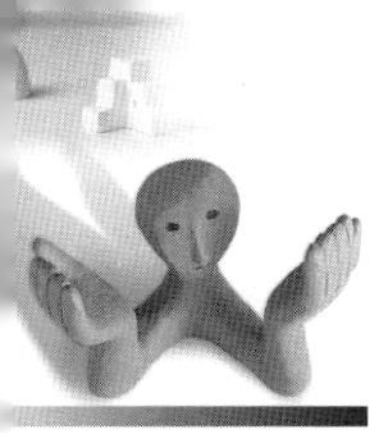

同事如果遇到尷尬或者困境，你不給他台階下，很有可能在以後，他就會給你添麻煩，甚至對你以眼還眼。

這段話道出人際關係的微妙。一個人如果失去了少許金錢，尚不至於發此大怒。而一旦面子受到損害卻不是輕易就可彌補的，甚至可能為自己樹立一個敵人。中山國王因一杯羊肉羹而失國，卻因一壺食物而得兩勇士的故事是一個非常鮮明的對比。這對我們是一個深刻的教訓和有益的啟發。

生活中，多個朋友就多條路，多個敵人就多堵牆，這個道理是放諸四海皆準的。不能團結人，不僅會使自己在生活中邁不開步，即使是正常的工作，也會遇到種種不應有的麻煩。

要給難相處的同事留面子，你首先要養成絕對不去指責他們的習慣。指責是對人的面子的一種傷害，它只能促使對方站起來維護他的榮譽，為自己辯解，即使當時不能，他也會在日後尋機報復。

對於他人明顯的錯誤，你最好不要直接糾正，否則會好像要故意顯得你很高明，因而傷了別人的面子。在工作中一定要記住，凡非原則之爭，要多給對方取勝的機會，這樣不僅可以避免樹敵，而且也可使對方的某種「報復」得到滿足。對於原則性的錯誤，你也得儘量含蓄的示意。

給別人面子，就能贏得友誼、理解和發展，化干戈為玉帛。「沒有人喜歡挨耳光，也沒有人會拒別人的好意於千里之外」，這話真是再英明不過了。假如由於你的過失傷害了別人，你得及時向人家道歉，這樣的舉動可以化敵為友，徹底消除對方的敵意。說不定你們會相處得更好。「不打不相識」這一俗語包含了這一哲理。

另外，還有一點需要注意，那就是與人爭吵時不要非佔上風不可。實際上，爭吵中沒有勝利者。即使口頭勝利了，你也會因此樹立一個對你心懷怨恨的敵人。爭吵總有一定原因，總是為一定目的。如果你想使問題得到解決，就絕不要採取爭吵的方式。

如果只是日常生活中觀點不同而引發的爭論，就應避免爭個高低。如果你一面公開提出自己的主張，一面又對所有不同的意見進行抨擊，那就太不明智了。你這樣做不但沒有給他們留面子，反而幾乎強迫自己孤立，就此止步不前，甚至引火焚身，後患無窮。由於傷害別人的面子而導致結怨於人，既不利己，也不利人，實在不足取。

指責也要有藝術

犯了錯誤或犯過錯誤的同事其心理都比較複雜，大多數人都很敏感、很脆弱，如果你粗魯地指出他的錯誤，會讓他感到丟了面子，這樣他不但不會心悅誠服地認識和反省自己的錯誤，反而還會產生抵觸情緒。這樣一來，你不但沒有達到預期的目的，而且還會傷了對方的自尊心，破壞你與同事間的友好關係。

由此可見恰當地指出同事的錯誤是需要掌握一定技巧的，這裡我們主要向大家介紹兩點，希望你能舉一反三，從中吸取更多的經驗、掌握更多的方法：

1. **指出同事的錯誤時，要溫和、間接：**人們在工作中難免有失誤，也難免會出差錯。當你必須指出同事的錯誤時，請記住，一定要用間接的方式和溫和的態度去指出別人的錯誤，使良藥不至於苦口，同時也要避免犯錯誤的同事對你產生反感。

查理斯・史考伯有一次經過他的鋼板廠，當時是中午休息時間，他看到幾個工人正在抽煙，而在他們的頭上，正好有一塊大招牌，上面清清楚楚地寫著「嚴禁吸煙」。史考伯該怎麼辦？他指著那塊牌子對他們說：「難道你們都是文盲嗎？」不，史考伯沒有這麼做。要是那樣，他就不會成為一個鋼鐵企業的優秀管理人了。相反的，他朝那些人走過去，友好地遞給他們幾根雪茄，說：「諸位，如果你們能到外面去抽掉這些雪茄，那我真是感激不盡

同事如果遇到尷尬或者困境，你不給他台階下，很有可能在以後，他就會給你添麻煩，甚至對你以眼還眼。

了。」吸煙的人這時會怎麼想呢？他們立刻知道自己違犯了一些規則，於是，便一個個把煙頭熄滅，同時對史考伯產生了好感。因為他沒有簡單地斥責他們，而是使用了充滿人情味的方法，使別人樂於接受他的觀點。這樣的人，誰不樂於和他共事呢？

還有一個類似的例子是發生在一個編輯部裡的。

編輯部裡的老武和小孫特別能抽煙，而同一辦公室的其他同事卻受不了煙味。確實是他們兩個一抽起煙來滿屋子煙霧迷漫，薰得其他人實在不行。後來一位同事美娟得了重感冒，更是不敢再聞煙味，於是她的好友席小姐借這個機會巧妙地指出了武、孫二位同事在辦公室內吸煙的錯誤做法。

席小姐是這樣說的：「昨天我陪美娟去醫院看病，醫生說最近流行重感冒，嚴重的還能引起其他病，甚至還能死人。尤其是那些吸煙者或吸二手煙者。醫生特別強調了感冒患者應遠離煙味，就是正常人經常吸煙或吸二手煙都不行，所以一般的公共場合都嚴禁吸煙。為了大家共同的健康，我建議咱們辦公室內部也實行這種政策吧。不過，這就要委屈老武和小孫了，你們倆以後可以到外邊那間屋子抽煙，當然為了你們的身體健康，你們還是少抽為好。」經過席小姐這樣一勸說，老武和小孫當然意識到了自己抽煙對他人的影響，並且也覺

得自己每天抽那麼多煙確實對身體不好，於是他們二人毅然決定戒煙。以後這個編輯部就少了許多煙霧，多了許多笑聲。

從這兩個例子中，可以看出當同事犯錯誤時，我們一定要冷靜不要發怒，在指出同事的錯誤時態度一定要溫和、方式一定要間接，這樣才能收到好的效果。

2.指出同事的錯誤前先檢討自己的不足：每個人都有犯錯的時候，我們自己也不可能一點錯誤也沒犯過。因此，當發現同事犯錯時，你不能不問青紅皂白、劈頭亂罵地進行指責，而應該在指出別人錯誤之前，先檢討一下自身的不足，並坦率地指出自己也並非完美，那樣，別人也就比較容易地接受你的批評了。比如：你在公司裡的資歷較老，一位比較年輕，而且是新來的同事小馬在工作時犯了一個比較嚴重的錯誤，這時你該怎樣指出他的錯誤，而又不至於令他難堪呢？

在這種情況下，我們認為你可以採取先檢討自己不足的方法。比如，你可以這樣試試：「小馬，你犯了一個錯誤，不過，我以前也常常犯這類錯誤。人們對事物的判斷力能不是生來就有的，那是多年經驗累積的結果，我在你這樣年紀時，還比不上你呢。我實在沒資格批評你。不過依我的經驗，假如你不這麼做的話，結果會更好些。」

同事如果遇到尷尬或者困境，你不給他台階下，很有可能在以後，他就會給你添麻煩，甚至對你以眼還眼。

如果你試著這樣去指出同事的錯誤，結果一定不同凡響。當然你也可以用提建議的方法，使他人認識並改正自己的錯誤。但要注意，在指出同事的錯誤時，一定要堅持對事不對人的原則，不作人身攻擊，只就他所做的錯事進行善意的提醒，同時最好還能提出正確的方法。

總之在指出同事的錯誤時，應當儘量避免用過於直接激烈的言辭，使對方的自信心免受刺激、尊嚴免受傷害。我們應該清楚：用不恰當的方法指出對方的錯誤，所喚起的怒氣，只會減少同事的熱情，而對方的錯誤卻很少因此而改正。

3.批評同事的錯誤要講究技巧：這裡我們說的「批評」，是指對同事的缺點或錯誤提出意見。批評同事的錯誤時，一定要講究適當的技巧，絕不能以簡單、粗暴，或者是諷刺挖苦的態度批評同事的錯誤。

①批評前以讚美之詞作前奏：犯了錯誤的同事常常會感到很難為情，但是如果不對他們的錯誤提出意見，他們自己就不會從錯誤中吸取教訓，這似乎是一個兩難的問題。其實，如果你能掌握一定的技巧，那就沒什麼可難的了。在批評對方以前，先以讚美之詞作前奏，這一技巧在處理你與犯錯誤的同事的關係時非常有效。

美國有一位總統就曾運用過這一技巧，其結果令人十分滿意——

有一次，美國總統柯立芝批評了女秘書。柯立芝對她說：「你今天穿的這件衣服真漂亮，你真是一位迷人的年輕小姐。」這可能是沉默寡言的柯立芝一生中對秘書的最大讚賞。這話來得太突然了，因此女秘書滿臉通紅，不知所措。接著柯立芝又說：「你很高興，是嗎？我說的是真話。不過另一方面，我希望你以後對標點符號稍加注意一些，讓你打的文件跟你的衣服一樣漂亮。」他的話可能過分顯露，但是他使用的方法卻很高明。

公司裡的會計崔小姐也曾用這種方法成功地批評了她的同事林先生。事情是這樣的：

有一次，崔小姐正在製作公司這個月的銷售報表，當她就要做完時，經理找她查閱一份資料，於是她離開辦公室去資料室尋找。結果等她給經理送去資料，回來接著製作那個銷售報表時，發現電腦中已沒有了她尚未完成的表格。原來在她出去時，同事林先生亂動電腦，致使電腦當機，但他的表格並沒有存檔。

當時崔小姐很生氣，但她又想，生氣也沒用，表格已經沒了，現在重要的是應該讓林先生從這件事吸取教訓。當她看到林先生時，她說：「林先生，聽說你經常抽空學習電腦，看得出你是一個很愛學習的人，工作這麼忙，你還如此認真學習真是不簡單。在電腦方面，也許我能幫你一些。不過，以後當我的電腦在工作時你最好別動它，把資料弄丟了會給我帶來很多麻煩。」

這個例子中的崔小姐以她巧妙的言辭成功地達到了自己的目的，我們在批評同事的錯誤時，同樣也可以採用這種方法。

②批評同事的錯誤時不要翻舊帳：批評同事的錯誤實際上也是一種與同事相處的方法，是種常見的社會交際形式。在這種與同事的交往形式中，我們必須掌握一定的策略和技巧，要重視批評的方式和方法的運用。

根據客觀情況的不同，批評同事的錯誤可以採取各種不同的方法，不論採取什麼方法，我們都是為了幫助同事改正錯誤，進而達到更好地團結同事的目的。如果不注意批評的技巧就很可能與這一目的背道而馳。

批評同事的錯誤時，應注意哪些問題呢？除了注意自己的態度和說話的技巧之外，還有許多細節問題值得我們注意，其中，有一條便是在批評內容的掌握上，應格外慎重。有些人常常不注意這一點。例如，在批評某人時，總是喜歡翻陳年舊帳，把對方過去的某些事情一股腦地全翻出來，以為這樣更可以證明自己的批評是有道理的。這種做法實際上是非常不明

同事如果遇到尷尬或者困境，你不給他台階下，很有可能在以後，他就會給你添麻煩，甚至對你以眼還眼。

智的。

這種翻舊帳的行為之所以不妥，首先在於這種做法容易使對方產生強烈的不滿而產生嚴重的反感情緒。他會認為你對他耿耿於懷，已過去的事情也一直不能忘記。而且，儘管對方眼下的錯誤與過去的錯誤在形式上有相同之處。但是，它們之間在內容上、在一系列細節上、在原因和程度上都是有差異的。如果把這種有差異的不同錯誤聯繫在一起，則容易引起對方的不滿，認為你的批評是不實事求是的。更重要的是，人們犯的每次錯誤都是具體的、個別的，而如果把幾次錯誤聯繫起來，往往就會形成一種普遍的、一般性的錯誤。而從人們的心理上看，接受對具體錯誤的批評常常比較容易，而要說他存在著某種慣性的缺點，那則很容易產生抵觸情緒。當然，有時為了使對方認識到錯誤的嚴重性和內在性，可以略微提及一下，或暗示其過去存在的某些不足。但是，如果是想藉這種翻舊帳來證明自己批評得對，那就與整個批評的目標南轅北轍了。

所以，在批評他人時，最好是把批評的範圍僅僅侷限在具體事件或行為上，千萬不要輕易去翻那些陳年老帳上，這樣，才能真正起到批評的作用。

總之，犯過錯誤的同事有時也是很難相處的，與這樣的同事相處既要理解他們各自的心理，又要掌握指出他們錯誤和批評他們錯誤的技巧。掌握了他們的心理及應對他們的技巧以後，你才能與他們在工作中和睦相處、共同進步。

給「門外漢」一個台階

君哲和鈞翰都是一家服裝貿易公司的職員，君哲是公司的一名服裝設計師，鈞翰是公司的業務員，他們二人同事多年了，可是關係卻一直不怎麼樣。究竟是什麼原因令他們的同事關係不好相處呢？

事情是這樣的：每一次開工作討論會或私下聊天時，鈞翰都要對君哲設計的服裝進行一番品頭論足，他有時說君哲設計的服裝樣式太奇怪；有時說君哲選用的布料顏色太鮮豔；有時還會說服裝給人的整體印象不好等等。其實鈞翰對服裝設計專業根本就是一無所知，他只是以自己的觀點評價別人，根本就無法得出正確的結論。結果卻把同事給得罪了，因此，君哲也一直不願意和他多接觸，這樣一來二去，兩個人的關係就越來越微妙了。

同事如果遇到尷尬或者困境，你不給他台階下，很有可能在以後，他就會給你添麻煩，甚至對你以眼還眼。

在工作中，最糟糕的事情莫過於自己不懂卻要充內行人去指指點點。不同專業的人，各自的優勢不同，用外行的話去挑剔自己不瞭解的專業，很容易引起矛盾、衝突，更談不上和睦相處了。美國的約翰‧羅賓遜先生也曾遇到過這樣的事，不過他以自己的方式解決了與對方的矛盾。約翰‧羅賓遜先生是出售油業特殊設備的。他已經為長島的一位重要顧客訂了一批貨物，圖樣已經呈請批定，機件正在製造中。然而一件不幸的事情來了，這位買主與他的朋友們討論這事。朋友們警告買主犯了個大錯，他上了當，所有的都錯了，太寬、太短、太這樣、太那樣。買主的朋友們使他急得發起脾氣來，他打電話給約翰，賭氣說他不接受已經在製造中的機件。

「我細心檢查過，知道我們確實無誤，」約翰‧羅賓遜先生講述這故事時說，「我也知道他及他的朋友完全不懂，但我覺得這樣告訴他是危險的事。我到長島去看他，當我走進他的辦公室的時候，他跳起身子向我走來，急迫地說話，說話的時候搖著拳頭。他責備我及我的機件，最後他說：『現在，你怎樣辦？』」

羅賓遜先生接著說：「我極鎮靜地告訴他，什麼我都可照辦。『你是出錢的人，』我說，『所以你確實應得到你所要的，但總要有人負責。如果你以為你是對的，給我們一張圖樣，雖然我們已經費了二千美元為你做這機件，我們可以取消。我們情願損失這些錢，使你喜悅。但我要警告你，如果我們按你所堅持的製造，你必須負責。如果你讓我們按我們所計畫的進行，那我們仍相信是對的，我們可以負責。到這時候，他的氣已經平靜了下來，最後他說：『好了，照常進行吧，但如果不對，只求上帝助你。』機件終究是對的，他這時已經答應訂兩批同樣的貨物了。」

「當這人侮辱我，對我揮拳，告訴我不懂的業務，我用我的所有的自制力告訴我自己不爭論辯護，那需要許多自制力，但是值得的。假如我告訴他，他是錯誤的，並開始辯論，隨後即將發生訴訟、惡戰、經濟損失，及一個重要顧客的喪失。是的，我深信告訴一個人他是錯誤的，是不值得的。」

從上例約翰‧羅賓遜先生的事蹟中，你是否學到了什麼呢？在工作時，如果有非專業的同事加入你的工作，並且對你的工作品頭論足，你不要因此而與之對立，而應當透過其他途徑改善你們之間的關係；另外，你也不應該對其他專業的同事的工作妄加評論，這樣很容易導致你與其他同事的關係破裂。

非專業的人是很難對專業的事情做出正確評價的，專業不同的同事往往不容易相處。

把握競爭導向

與同事相處，應該真誠，當他工作上有困難時，你應該盡心盡力予以幫助，而不是冷眼旁觀，甚至落井下石；當他徵求你的意見時，你不要對他發出毫無意義的稱讚；當他在無意中冒犯了你，又沒有跟你說聲對不起時，你要以無所謂的心情，真心真意原諒他，如果今後他還有求於你時，你依然要毫不猶豫地幫助他。

有人會問：「為什麼我要待他這麼好？」答案是：因為你是他的同事，你每天白天一大半的時間都是跟他們在一起，你能否從工作中獲得快樂與滿足，與你朝朝暮暮相處的同事有很大關係。當你在辦公室裡，沒有人理你，沒有人願意主動跟你講話，也沒有人向你傾吐談心時，你還會覺得你的工作有意思嗎？

一般來說同事之間有一點競爭、有摩擦是很正常的現象。但是我們要懂得如何把這種摩擦降到最低限度，應該學會怎樣把這種競爭導向對自己有利的方向。

人與人之間，除非有不共戴天之仇不可化解，但在工作中的仇恨一般不至於達到那種地步。畢竟是同事，都在為同一家公司工作，只要矛盾沒有發展到你死我活的關頭，總是可以化解的。記住：敵意是一點一滴增加的，也可以一點一滴消除。中國有句老話：冤家宜解不

同事如果遇到尷尬或者困境，你不給他台階下，很有可能在以後，他就會給你添麻煩，甚至對你以眼還眼。

宜結。同在一家公司謀生，低頭不見抬頭見，還是少結冤家比較有利於自己。不過，化解敵意也需要技巧，並非一味遷讓與軟弱。

「怎樣化敵為友」，在工作中是一門高深學問。他與你曾經為一個職位爭得頭破血流，今天你倆已分別為不同部門的主管，雖然沒有直接接觸，但將來的情況又有誰能明白呢！所以你應該為將來鋪好路，做好準備。

如果你無緣無故去邀約對方或送禮給他，這樣一來太唐突，也太貶低了自己，應該是見機行動。例如，從人事部探知他的生日，在公司發動一個小型生日會，主動送禮物給他……放心，真誠的善意，誰也不好拒絕。

要是對方獲擢升職，這就是最佳的時機了，寫一張賀卡，衷心送出你的祝福吧。如果其他同事替他辦慶祝會，你無論多忙碌，也要抽空參加，否則就私下請對方吃一頓午餐吧！恭賀之餘，不妨多談大家在工作方面的喜與樂，對以往的不愉快事件絕口不提，拉近雙方距離。

記著，這些公關工作必須在平常就抓緊機會去做。否則到了你與他有直接來往時才行動，就太遲了。那時，也只會給人們一種「市儈」之感。

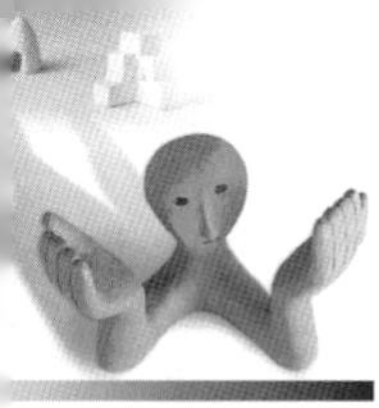

所謂「和氣生財」，「以和為貴」，商場上很忌諱結成仇敵，長期對抗。

在商場上樹敵太多是經營者的大忌，尤其是如果仇家聯合起來對付你，或在暗中算計你，你縱有三頭六臂，也是應接不暇。

學會同事間的應酬

如果有同事表示要請客祝賀你，你是怎樣反應呢？

當然要答應，否則就是不賞臉，不接受人家的好意。不過，答應之餘必須請考慮：對方一向與你麻吉的很，純是出於一片真心，還是彼此只屬泛泛之交，此舉只是「拍馬屁」。前者，你自然可以開懷大飲。後者嘛，吃完之後最好反過來做東買單，既沒接受他的殷勤，又沒有開罪對方，甚至把關係又拉近了一步。

開歡迎會的主旨是聯絡感情，開歡送會則表示合作愉快結束或感謝過去的幫忙。所以，前者你不必一定出席，除非你的工作是公關或人事部。這樣更顯得你有獨具風格，何況既是

> 同事如果遇到尷尬或者困境，你不給他台階下，很有可能在以後，他就會給你添麻煩，甚至對你以眼還眼。

新同事，還愁他日沒有機會互相瞭解嗎？

至於後者，就比較複雜，應該小心衡量一下：這位同事與你有沒有關係如果是交情泛泛的，可以不必參加聚會，但送一張慰問卡是必要的，那是禮貌。何況「山不轉路轉」，他日你們或許有機會共事。要是常常接觸的，但交情普通，則在公在私也該出席聚會，分手時，最好表示你的祝福。若對方是你的助手或更親密的拍檔，最好是既參加大夥兒的聚會，又私下請對方吃一頓，或是送一點紀念品，以表示你的感謝和友情。

有位同事生日，於是有人提議給他慶祝一番，你樂意加入行列，但替別人高興之餘，卻又有點酸溜溜，大概你會想：為什麼同事們從來沒有為你慶祝生日他們真偏心！

其實，這不說明你在他們心中沒有佔地位，人際關係欠佳所致。要想改變這種情況，奉勸你要積極一點了。先邁出你的第一步吧！而這一步不妨多找藉口，才不致顯得太突然。當你成功完成一件任務或者獲得升職加薪，又或適逢生日時，不妨自掏腰包。向公司的秘書小姐說：「今天是我生日，我請大家吃晚飯，請代我安排一下吧，但請告訴任何人，我不收禮物！」

在相互傳遞消息的情形下，同事必然會替你高興，無論是已經與你熟悉的，還是疏遠

同事如果遇到尷尬或者困境，你不給他台階下，很有可能在以後，他就會給你添麻煩，甚至對你以眼還眼。

的，在這種情況下，起碼對你留下良好印象。日後有賴你的積極努力。

到同事家做客，在進家門之前，先要去掉身上的灰塵，擦去鞋上的泥土，然後敲門再走進去。雨具、外衣等要放到主人指定的地方。如果主人比自己年長，主人沒坐下，自己不宜先坐下。自己的交通工具如自行車要鎖好，放在不影響他人經過的地方，如果放的位置不好或忘了鎖被偷，不僅自己受損失，也給主人帶來麻煩。

受歡迎的人絕不大咧咧地逕直坐到席上，如果主人力邀才能「就座」等人時，不要左顧右盼；主人奉茶之後，先擱下來，在談話之間啜之最為禮貌。

主人向自己介紹新朋友時，一定要站起來，以表示友好，同時一定要在第一次介紹中記住對方的姓名，免得談話裡不好稱呼。對一些自己不認識的長輩或主管，要主動站起來，先自我介紹，讓對方瞭解自己。介紹自己要親切有禮，態度要謙恭，不能自我吹噓。

應酬之中應懂得吸煙屬個人嗜好，有人喜歡有人討厭，吸煙時一定要徵得別人、特別是女主人的同意，免得引起人家反感。如果主人家未置煙灰缸，多半是禁煙的。如果掏煙打火，讓主人匆忙替你找煙灰缸，是不尊重人的舉動。

同事應酬中沒有永遠的主人，永遠的客人，做個懂禮貌的客人當然重要，做個能得體待客的主人也要緊得很。事先得知同事將來訪，要提前準備好茶具、煙具。客人進門後，要熱情迎接並請上座。如果客人是遠道而來，要問問是否用過餐。對一般客人，在飯前只給煙茶就可以了，茶壺可以放在桌上，對尊敬的客人或主管，長輩、同事，要在另外的屋裡把茶沏好送過去，每次沏茶要倒八分滿，宜於客人飲用。

如果是「不速之客」，也要起立相迎。室內來不及清理，應向客人致歉。不宜當著客人的面趕忙掃地，弄得滿屋灰塵。接待時，要問明來意。比方說：「你今天怎麼抽空來了呢！」對方如答：「有事要麻煩您。」可又不一下子直說出來。就不要立即追問，恐怕是因為還有家中其他人在場，不好開口，那就不妨改變一下接待方式。

勇於承擔錯誤

當你的小孩主動承認自己錯了時，你肯定會感動，暗自為孩子的坦誠和勇氣祝賀。同樣道理，當你在同事間，能主動承擔責任，承認錯誤時，你會發現，此時失去的是虛榮，得到

同事如果遇到尷尬或者困境，你不給他台階下，很有可能在以後，他就會給你添麻煩，甚至對你以眼還眼。

的是同情和讚許。

人都喜歡被別人讚美，哪怕明知是虛偽的讚美，這是人的天性。忠言逆耳，當有人、尤其是和自己平起平坐的同事對自己狠狠批評一頓時，不管那些批評如何正確，許多人都會感到很不舒服，有些人甚至拂袖而去，連表面的禮貌也不願做，結果令提意見的同事尷尬萬分。下一次如果你犯更大的錯誤，相信再也沒有人敢勸告你了，仔細想想，這難道不是一個巨大的損失嘛！

人不是完美的，沒有人不會不犯錯誤，有的人甚至還一錯再錯，既然錯誤是無法避免，那麼可怕的不是錯誤本身，而是怕將錯就錯、知錯不改。

其實，如果能正確面對自己的弱點和錯誤，拿出足夠的勇氣去承認它、面對它、改正它，就能彌補錯誤所帶來的不良後果，在今後的工作中只要更加謹慎，就能加深主管和同事對你的信任，從而很愉快地原諒你的錯誤。

某公司財務科秀明一時粗心，錯誤地給一位請過幾天病假的員工發了整月的工資。在他發現之後，匆匆找到那位員工，向他說明求他悄悄退回多發的薪金。但遭到斷然拒絕，這位員工則只允許分期扣回他多領的薪水。

雙方爭執不下，氣憤之餘的秀明平靜地對那位員工說：「好吧，既然這樣，我只能告訴老闆了，我知道這樣做一定會使老闆大為不滿，但這一切都是我的錯，我只有在老闆面前坦白承認。」就在那位員工還沒反應過來的時候，秀明已大步走進了老闆的辦公室，把前因後果都告訴了他，並請他原諒和處罰。

老闆聽後十分惱火地說，這應該是人事部門的原因，但秀明重複地說這是他自己的錯誤，老闆於是又大聲地指責會計部門，秀明又解釋說不怪他們，實在是他自己的錯，接著老闆又責怪起與秀明同辦公室的兩個同事起來，可秀明還是固執地一再說是自己的錯，並請求處罰。

最後老闆看著他說：「好吧，這是你的錯，可×××那位錯領全薪的員工也太差勁了。」這個錯誤並沒給任何人帶來麻煩。很輕易地糾正了以後，老闆更加看重秀明了，因為他有勇氣知錯認錯，並且不尋找藉口推託責任。

其實一個人有勇氣承認自己的錯誤，不僅可以消除罪惡感，而且有助於解決錯誤造成的後果，即使傻瓜也會為自己的錯誤辯護，但能承認自己錯誤的人更會獲得他人的尊重。

當我們犯了錯時，如果我們對自己誠實，就要迅速而熱誠地承認。這樣不但能產生驚人的效果，而且比為自己爭辯還好得多。如果你總是害怕向別人承認錯誤，那麼，你不妨試試下面的辦法：

1. 如果你在工作上出錯，應該立即向主管彙報，這樣雖然有可能被大罵一頓，可是在上司的心目中你將是一個誠實的人，將來會更加信任你，你所得到的將比你失去的多。

2. 如果你的錯必須向別人承認，與其找藉口逃避，不如勇於認錯，在別人還沒有來得及把你的錯到處宣揚之前，儘早對自己的行為負起責任。

3. 如果你的錯誤影響到其他同事的工作成績，無論同事們是否發現，都要趕在同事之前主動向他道歉、承認錯誤，不要自我辯護、推卸責任，否則只會令對方更加惱火。

人人都會犯錯誤，尤其是當你工作過重，精神不佳，壓力太沉重時，不小心犯錯是非常普通的事情。如果我們能在犯錯之後能正確地面對，便不算什麼大事情，甚至還會對你日後的升遷起到很大的幫助。

同事如果遇到尷尬或者困境，你不給他台階下，很有可能在以後，他就會給你添麻煩，甚至對你以眼還眼。

保持最佳距離

在任何時候只有和同事們保持合適的距離，才會成為一個真正受歡迎的人。

你應當學會體諒別人，不論職位高低，每個人都有自己的工作範圍和責任，所以在權力上，千萬不要喧賓奪主。但也不能說「這不是我的事」這類的話，過於涇渭分明，只會破壞同事間的關係。在籌備一個任務前，應該謙虛地請問上司：「我們希望得到些什麼？」「要任務順利完成，我們應該再做些什麼？」

不要在背後議論別人長短。比較小氣和好奇心重的人，聚在一起就難免說東家長西家短。你一定不要加入他們的一伙，偶爾批評或調笑一些公司以外的人，倒無所謂，但對同事的弱點或私事，保持沉默才是聰明的做法。

公私分明也是重要的一點。同事眾多，總有一兩個跟你特別投機，可能私底下成了好朋友。但不管你職位比他高或低，不能因為關係好而進行偏袒縱容，一個公私不分的人，是成不了大事的，更何況，上司對這類人最討厭，認為這是不能信賴的人。所以你應該知道有所取捨。

與同事相處，太遠了顯然不好，人家會誤認為你不合群、孤僻、性格高傲；太近了也不好，因為這樣容易讓別人說閒話，而且也容易使上司誤解，認定你是在搞小團體結幫結派。

所以不即不離、不遠不近的同事關係，才是最合適的和最理想的。

有人認為好朋友最好不要在工作上合作，這句話有一定道理。一天，公司來了一位新同事，他不是別人，正是你的好朋友，而且，他竟分為你的拍檔。如果上司將他交與你，你首先要向他介紹公司分工和其他制度。而不能跟他拍肩膀拉關係，以免惹來閒言碎語。大前提是公私分明。在公司裡，他是你的搭檔，你倆必須忠誠合作，才會有良好的工作效果。私底下，你倆十分瞭解對方關心對方，但這些表現最好留到下班以後，你倆可以跟往常一樣一起去逛街、閒談、買東西、打球，完全沒有分別，只是奉勸你一句，此時少提公事。

還有一種情況就是：當一位舊同事重返公司工作時，你也要注意自己的態度。因為舊人對你和公司都有一定的瞭解，雖然和他並不需要時間去適應，但是首先你得清楚，這位舊同事以前的職級如何他的作風屬哪類型與你的關係怎樣如今重返舊巢，他的地位會有所改變嗎？

如果他以前與你共事過，請不要在人前人後再提以往的事，就當是新同事合作吧，這樣可以避免大家尷尬。要是他過去與你不相干，如今卻成了搭檔，不妨向對他有些瞭解的同事查詢一下他的情況，但注意要裝作輕描淡寫，不留痕跡。

善於傾聽

在交往中，每個人都希望能得到別人的肯定性評價，都在不自覺地強烈維護著自己的形象和尊嚴，如果有人對他過分地顯示出高人一等的優越感，那麼無形之中是對他自尊的一種挑戰與輕視，同時排斥心理乃至敵意也就應運而生。

法國哲學家羅西法古說：「如果你要得到仇人，就表現得比你的朋友優越；如果你要得到朋友，就要讓你的朋友表現得比你優越。」這句話很對。當我們讓朋友表現得比我們優越時，他們就會有一種得到肯定的感覺，但是當我們表現得比他還優越時，他們就會產生一種自卑感，甚至對我們產生敵視情緒。

日常工作中就不難發現這樣的同事，他們雖然思路敏捷，口若懸河，但剛說幾句就令人感到狂妄，所以別人很難與他苟同。這種人多數都是因為太愛表現自己，總是想讓別人知道自己很有能力，處處想顯示自己的優越感，以為這樣才能獲得他人的敬佩和認可，其實結果適得其反，這樣做只會在同事中失掉威信。

在這個世界裡，那些謙虛豁達的人總能贏得更多的知己，相反的，那些妄自尊大、小看別人、高看自己的人總是令別人反感，最終在交往中使自己到處碰壁。

何先生是某一位很得人緣的骨幹，按說搞人事調配工作是很難不得罪人，可他卻是個例

外。

在他剛到人事部門時，幾乎在同事中連一個朋友都沒有。因為他正春風得意，對自己的機遇和才能十分滿意。所以每天都使勁吹噓自己在工作中的成績，每天有多少人找他幫忙，哪個幾乎記不清名字的人昨天又硬是給他送了禮等等，但同事們聽了之後不僅不讚賞，而且還極不高興，後來還是由當了多年主管的老父親點撥，他才意識到自己的毛病到底在哪裡。從此以後便很少談自己而多聽同事說話，因為他們也有很多事情要吹噓，把自己的成就說出來，遠比聽別人吹噓更令他們興奮。後來，每當他與同事閒聊，總是先請對方滔滔不絕地表現自己的優越感，只有在對方停下來問他的時候，才很謙虛地說一下自己的情況。

老子曾說：「良賈深藏若虛，君子盛德貌若愚」，是說商人總是隱藏其寶物，君子品德高尚，而外貌卻顯得愚笨。這句話告訴我們，平時要斂其鋒芒，收其銳氣，千萬不要不分場景地將自己的才能讓人一覽無餘。你的長處短處被同事看透，就很容易被他們支配。

另外還要謙虛一些，謙虛的人往往能得到別人的信賴，因為謙虛，別人才不會認為你對他有威脅。這樣你就會贏得別人的尊重，更好地與同事建立關係。

所以，我們對自己要輕描淡寫。我們必須學會謙虛，只有這樣，我們才永遠受到別人的

同事如果遇到尷尬或者困境，你不給他台階下，很有可能在以後，他就會給你添麻煩，甚至對你以眼還眼。

歡迎。為此，卡內基曾有過一番妙論：「你有什麼可以值得炫耀的嗎？你知道是什麼原因使你沒有成為白癡的嗎？其實不是什麼了不起的東西，只不過是你甲狀腺中的碘而已，價值並不高，才五分錢。如果別人割開你頸部的甲狀腺，取出一點點的碘，你就變成一個白癡了。在藥房中五分錢就可以買到這些碘，這就是使你沒有住在瘋人院的東西——價值五分錢的東西，有什麼好談的呢！」

不露聲色的表現自我

善於自我表現的人，常常既表現了自己又不露聲色。他們與同事進行交談時喜歡用「我們」而很少用「我」，因為「我」給人以距離感，而「我們」則使人倍感親切。因為「我們」代表著他也參加的意思，能給人一種「參與感」，還會在不知不覺中把意見相左的人劃為同一立場，並按照自己的意圖影響他人。

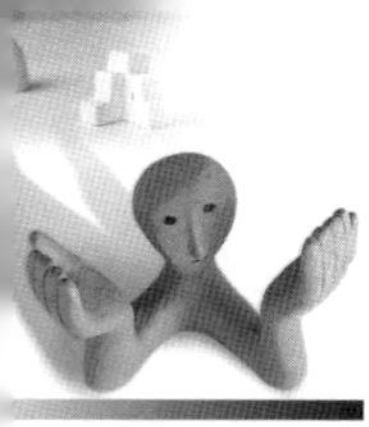

同事如果遇到尷尬或者困境，你不給他台階下，很有可能在以後，他就會給你添麻煩，甚至對你以眼還眼。

真正善於自我表現的人從來沒有停頓的習慣，因為停頓的語氣可能被看是猶豫，也可能讓人覺得是一種敷衍、傲慢的態度，很令人反感。

真正的展示教養與才華的自我表現本來無可厚非，只有刻意地自我表現才是最愚蠢的。如果我們不過是要在別人面前表現自己，而使別人對我們感興趣的話，我們將永遠不會有許多真實而誠摯的朋友。所以真正的朋友並不是以這種交往方法來獲得的。

表現自己其實並沒有錯。在當今社會，充分發揮自己，充分表現出自己的才能和優勢，是適應時代挑戰的必然選擇。但是，表現自己必須分場合、形式，如果過於表現，使人看上去是矯揉造作，一點都不自然，好像是做樣子給別人看似的，那就要另當別論。

志清是一家大公司的高級職員，平時工作積極主動，表現很好，待人也熱情大方。但是有一天，一個小小的動作卻使他的形象在同事眼中一落千丈。

當時在會議室裡，許多人都等著開會，其中一位同事發現地板有些髒，便主動拖起地來。而志清似乎有些身體不舒服，一直站在窗臺邊往樓下看。突然，他急步走過來，叫那位同事把手中的拖把給他，同事不肯，可志清卻執意要求，那位同事只好把拖把給了他。

志清把拖把接到手剛過一會兒，總經理推門而入。而他正拿著拖把勤勤懇懇、一絲不苟地拖著。從此，大家再看志清時，頓覺他虛偽了許多。從前的良好形象被這一個小動作丟得一乾二淨。

許多工作中，往往有許多人不善於掌握熱忱和刻意表現之間的區別。許多人總把一腔熱忱的行為搞得上去像是故意裝出來的，也就是說，這些人學會的是表現自己，而不是真正的熱忱。

熱忱絕不等同於刻意表現。在應當拼搏的時間拼上一場；在需要關心的時候關心他人；真誠自而不願與之接近。其實，自我表現是人天性中最主要的因素。人喜歡表現自己就像畫眉喜歡炫耀聲音一樣正常。但刻意的自我表現就會使自然變得做作、熱忱變得虛偽、最終的效果適得其反。

許多人在談話中不論是不是以自己為主題，總是有突顯自己表現自我的毛病。這種人雖說可能被人誤認為具有辯才，但是也可能被認為是口無遮攔顯得輕浮等等，最終總會暴露出他的自我顯示欲而使別人產生排斥感和不快情緒。

同事間的競爭

我們必須承認，同事之間存在競爭的利害關係。在一些合資公司，特別是外商公司裡極為明顯，追求工作成績，希望贏得上司的好感，早日升遷，以及其他種種利害衝突，使得同事間自然地存在著一種競爭關係。而這種競爭在很大程度上又不是一種單純的真刀實槍的實力較量，而是摻雜了個人感情、好惡、與上司的關係等等複雜因素。它是一種變態、扭曲的運動會，其中有多種可能影響成績的因素：表面上大家同心同德，平平安安，和和氣氣，內心裡卻可能各打各的算盤。利害關係導致同事之間關係的緊張。

換一種角度，我們也必須承認，同事之間如果沒有競爭，可能會失去共事的意義。許多有才幹的人，往往希望有一位強硬的對手。因為，有了競爭才能享受工作，享受進步。

美國斯坦福大學心理系教授羅亞博士認為：人人生而平等，每個人都有足夠的條件成為主管，但必須懂得一些待人處事的技巧，且提出如下七條建議：

1.無論你多麼能幹，多麼自信，也應避免孤芳自賞，更不要讓自己成為一個孤家寡人。在同事中，你需要找一兩位知心朋友，平時大家有個商量，互通聲氣。

同事如果遇到尷尬或者困境，你不給他台階下，很有可能在以後，他就會給你添麻煩，甚至對你以眼還眼。

2. 要想成為眾人之首，獲得別人的敬重，你要小心保持自己的形象，不管什麼問題，不必驚惶失措，凡事都有解決的辦法。你要學會處變不驚，從容面對一切難題的本領。

3. 當你發覺同事中有人總是跟你唱反調時，不必為此而耿耿於懷，這可能是「人微言輕」的關係，對方以「老資格」自居，認為你年輕而工作經驗不足，你應該想辦法獲得公司一些前輩的支持，讓人對你不敢小視。

4. 若要得到上司的賞識與信任，首先你要對自己有信心，自我欣賞，不要隨便對自己說一個「不」字；儘管你缺乏工作經驗，但不必感到沮喪，只要你下定決心把事情做好，必定有出色的表現。

5. 凡事須盡力而為，也要量力而行，尤其是你身處的環境中，不少同事對你虎視眈眈，隨時準備找出你的錯誤，你需要提高警覺，按步就班把工作做好，創意配合實際行動，是每一位成功主管必備的條件。

6. 利用時間與其他同事多溝通，增進感情，消除彼此之間的隔閡，有助於你的事業發展。

7. 不要太敏感，敏感是一種身體功能和良好的體態反應，是我們生理健康與心理健全的標

同事如果遇到尷尬或者困境，你不給他台階下，很有可能在以後，他就會給你添麻煩，甚至對你以眼還眼。

誌之一。生命的旺盛與衰退，有時可以從人對外界的靈敏程度上反映出來。可是，過於敏感，就是一種扭曲的心理、不好的預兆了，它在人際交往中，是很令人討厭的一種行為，很容易使人產生誤會和厭煩。

同事之間由這種過於敏感引發的問題很多。比如，人家一揚眉，你就覺得人家看不起你；人家一撇嘴，就說人家討厭你了；人家說的話本沒有什麼惡意，經你一番揣測就衝突出現了；人家在說自己的悄悄話，你便懷疑在說你的壞話。總而言之，對別人的一舉一動都以為是針對自己，敏感得連對方一聲噴嚏都是對你的不敬，對方一斜眼、一回頭都是對你的鄙視。這種極端的敏感真可謂神經過敏，這種心理會使你在同事中間成為一個人人惹不得的「怪物」。

同事與朋友之間的距離

當同事成了朋友，首先是好事。但是，如果處理不好這種同事加朋友的關係，會造成許多意料之外的麻煩。我們的建議是公事公辦，出了公司再作朋友。

在許多公司裡，最明顯的分界就是工作和私人關係。這一點十分明顯地體現於上級和下屬的間接關係上。

這並非說，透過工作不能發展成為親密和持久的私人友情；許多人都在工作中進行著他們主要的社會接觸。然而地位的不同，又確實制約了發展真正友誼的可能性。假如你與一位部屬關係很好，你就有可能在工作中遇到管理方面的困難。例如：一位管理人員與他一名部屬成了親密無間的好朋友。他們一起游泳，彼此邀請對方吃飯，很長一段時間他們都有規律地彼此交往。一天，由於某個工程項目最後期限的壓力，這位管理人員吩咐他的這位部屬關心一下工作。結果他們爭了起來，導致憤怒的對抗。這位管理人員這才認識到私人關係會妨礙他正常行使權利的職責。

在這種情況下，衝突的雙方都是根據自己不同的觀點。這位部屬可能認為是管理人員對他不公平；而這位管理人員又認為應該照章辦事。其中任何一方都有一定道理。問題的關鍵

是私人的友誼使工作關係變得更為尷尬更難處理了。

如果你的部屬或上司是好朋友，務必要記住與上司或部屬交不成好朋友，也就是說私人關係和工作關係之間應保持一定的距離。如果你們雙方都明白兩種關係是互相衝突的，並深知其含意，你就可以與一位部屬或上司親密地交往而又絲毫不影響工作。

即使是同事間形成了友誼，外界的友誼往往也會妨礙正常的工作關係。必須注意這兩種形式的關係不能以同樣的方式來處理，更不能讓兩種關係彼此互相干擾。如：兩位部門經理成了好朋友，當這兩個部門之間發生了衝突時，他們之間的工作關係和私交都會發生變化。他們首先必須解決工作上的問題，並且彼此間就某些規則要達成共識。當他們在工作以外處理私人關係的時候則一概不能談工作；同時，他們不能使私人方面的關係影響到工作關係；再者，兩人都不要讓他們的工作關係破壞私人友誼。

職場的人際關係這一問題不僅僅侷限於友誼。比如當你透過親戚謀得了一份職業，你應該怎麼做呢？首先應當清楚：這樣的工作安排是不能公開談論的。如果你是在這種情況下受聘的員工，你應當知道：你雖然透過親戚謀得了這份工作，但為了證明你是稱職的，與別人相比，你必須付出雙倍的努力，做出成績給別人看。即使在開頭幾天，人們會議論你是他叔

同事如果遇到尷尬或者困境，你不給他台階下，很有可能在以後，他就會給你添麻煩，甚至對你以眼還眼。

叔介紹，但當他們瞭解到你的工作能力之後，就會除去對你的偏見，實實在在地接受你。

不要「直話直說」

心怡是一公司的中級職員，他的心地是公認地「好」，可是一直升不了職。和他同年齡、同時進公司的同事，不是外調獨當一面，就是成了他的頂頭上司。另外，別人雖然都稱讚他「好」，但他的朋友並不多，不但下了班沒有「應酬」，在公司裡也常獨來獨往，好像不大受歡迎的樣子……

其實心怡能力並不差，也有相當好的觀察、分析能力，問題是，他說話太直了，總是直話直說，不加修飾，於是直接、間接地影響了他的人際關係。

其實「直話直說」是人性中一種很可愛、很值得大家珍惜的特質，因為也唯有這種直話直說的人，才能讓是非得以分明，讓正義邪惡得以分明，美和醜得以分明，讓人的優缺點得以分明。只是在現實社會裡，「直話直說」卻是有這種性格的人的致命傷，理由如下：

同事如果遇到尷尬或者困境，你不給他台階下，很有可能在以後，他就會給你添麻煩，甚至對你以眼還眼。

喜歡「直話直說」的人說話時常只看到現象或問題，也常只考慮到自己的「不吐不快」，而不去考慮旁人的立場、觀念、性格。他的話有可能是一派胡言，但也有可能鞭辟入裡。一派胡言的「直話直說」對方明知，卻又不好發作，只好悶在心裡；鞭辟入裡的直話直說因為直指核心，讓當事人不得不啟動自衛系統，若招架不住，恐怕就懷恨在心了。所以，直話直說不論是對人或對事，都會讓人受不了，於是人際關係就出現了阻礙，別人寧可離你遠遠的，免得一不小心就要承受你的直話直說；不能離你遠遠的，那就想辦法把你趕得遠遠的，眼不見為淨，耳不聽為靜。

喜歡直話直說的人一般都具有「正義傾向」的性格，言語的爆發力及殺傷力也很強，所以有時候這種人也會變成別人利用的對象，鼓動你去揭發某事的不法，去攻擊某人的不公。不管成效如何，這種人總要成為犧牲品：成效好，鼓動你的人坐享成果，你分享不到多少；成效不好，你必成為別人的眼中釘，是排名第一的報復對象。

所以，在現實社會裡，直話直說是一把傷人又傷己的雙面利刃，而不是劈荊斬棘的「開山刀」，有這種直話直說個性的人應深思，並且建立幾個觀念：

對人方面，少直言指陳他人處事的不當，或糾正他人性格上的弱點。這不是「愛之深，責之切」，而是和他過不去；而且，你的直話直說也不會產生多少效用，因為每個人都有一個內心堡壘，「自我」便縮藏在裡面，你的直話直說恰好把他的堡壘攻破，把他從堡壘裡揪出來，他當然不會高興！因此，能不講就不要講，要講就迂迴地講，點到為止地講，他如果不聽，那是他的事！

對事方面，少去批評其中的不當。事是人計畫的、人做的，因此批評「事」也就批評了「人」，所謂「對事不對人」，這只是「障眼法」。除非你力量大、地位夠，否則直話直說只會替自己帶來麻煩！如果能改變事實，則這麻煩倒還值得；如果不能，還是閉上嘴巴吧！如果非講不可，也只能迂迴地講，點到為止地講，如果沒人要聽，那是他們的事！

不可不慎的面子問題

第九章・照顧他人的面子

我們的社會是一個講究「面子」的社會，在這個社會當中生存，就需要懂得給他人面子，只有顧及別人的面子，才能讓我們在這個社會裡生存得如魚得水。

面子很重要

小王是我的好朋友，在技術部門的時候，是個一級天才，但後來調到管理部門當主管後，卻發現非其所長，不能勝任，但公司又不願傷他自尊，畢竟他是個不可多得的人才——何況他還十分敏感。於是，公司又給了他一個新頭銜：業務諮詢主任工程師，工作性質仍與原來一樣，而讓別人主管管理部門。

小王當然很高興，因為他既得到了升遷，又能從事自己喜歡的工作。公司主管也很高興，因為他們終於把這位脾氣暴躁的小夥子遣調成功，而沒有引起什麼風波——因為他仍保留了面子。

在我們的社會裡，保留他人的面子、給別人一個台階下是非常重要的事情。而人們卻很少會考慮到這個問題。人們常喜歡擺架子、我行我素、挑剔、恫嚇、在眾人面前指責他人或雇員，而沒有考慮到是否傷害了別人的自尊心。其實，只要多考慮幾分鐘，講幾句關心的話，為他人設身處地想一下，就可以避免許多不愉快的場面。

所以，當你必須指責他人或處理解僱及懲戒事項的時候，不要忘了給人留面子這一點。

美國的一位會計師曾說：「解僱別人並不有趣，被人解僱更不有趣。我們的業務是季節性的，所以，在所得稅申報熱潮過了之後，我們得讓許多人走路。」

「我們這行有句笑話說：沒有人喜歡揮動斧頭。因此，大家變得麻木不仁，只希望事情趕快過去就好。通常，例行談話是這樣的：『請坐，亞當斯先生。旺季已經過去了，我們已沒有什麼工作可以給你做。當然，你也清楚我們只是在旺季的時候僱用你，因此……』」

「這種談話會讓當事人失望，而且有種傷害尊嚴的感覺。所以，除非不得已，我絕不輕言解僱他人，而且會婉轉地告訴他：『亞當斯先生，你的工作做得很好（如果他的確做得很好）。上次我們要你去華盛頓，那工作很麻煩，而你處理得很好，一點也沒有差錯，我們要你知道，公司很以你為榮，也相信你的能力，願意永遠支持你，希望你別忘了這些。』結果，被解僱的人覺得好過多了，至少不覺得『損及尊嚴』。他們知道，假如我們有工作的話，還是會繼續留他們做的。或是等我們又需要他們的時候，他們還是很樂意再回來。」

縱使別人犯錯，而我們是對的，如果沒有為別人保留面子、給別人一個台階下就會毀了一個人。要改變人而不觸犯或引起反感，給人留面子、給別人一個台階下是最好的辦法。

在我們這個社會面子是很重要的，千萬不要當著眾人去指責一個人，在懲罰、解聘他人時更要給人留面子。

面子，是人給的

有位藝文界朋友，每年都會受邀參加某公司的雜誌評鑑工作。這工作雖然報酬不多，但卻是一項榮譽，很多人想參加卻找不到門路，也有人只參加一二次，就再也沒有機會了！問他為何年年有此「殊榮」，他在年屆退休、不再參加此項工作後才公開秘訣。

他說，他的專業水準並不是關鍵，他的職位也不是重點，他之所以能年年被邀請，是因為他很會給別人「面子」。

他說，他在公開的評審會議上一定把握一個原則：多稱讚、多鼓勵而少批評；但會議結束之後，他會找來雜誌的編輯人員，私底下告訴他們編輯上的缺點。

因此雖然雜誌有先後名次，但每個人都保住了面子。而也就因為他顧慮到別人的面子，因此無論是承辦該項業務的人員還是各雜誌的編輯人員，大家都很尊敬他、喜歡他，當然也就每年找他當評審了！

在我們的社會裡，「面子」是一件很重要的事，為了「面子」，小則翻臉，大則可能會鬧出人命！如果你是個對「面子」無所謂的人，那麼你必定是個不受歡迎的人；如果你是個只顧自己面子，卻不顧別人面子的人，那麼你必定是個有天會吃暗虧的人。

中國人很奇妙，可以吃悶虧，也可以吃明虧，但就是不能吃「沒有面子」的虧，要在這個關係複雜的社會裡求生存，必須瞭解到這一點。這也就是很多老於世故的人不輕易在公開場合說一句批評別人的話的原因，寧可高帽子一頂頂地送，既保住別人面子，別人也會如法炮製，給你面子，彼此心照不宣，盡興而散。這種情形在各個場合都屢見不鮮。

年輕人常犯的毛病是，自以為有見解，自以為有口才，逮到機會就大發高論，把別人批評得臉一陣紅一陣白，自己則大呼痛快。其實這種舉動正是在為自己的禍端鋪路，總有一天會吃到苦頭。

事實上，給人面子並不難，也無關乎道德，大家都是在這個社會裡討生活，給人面子基本上就是一種互助。尤其是一些無關緊要的事，你更要會給人面子。至於重大的事，就可以考慮不給了，你不給，對方也不敢對你有意見！他若強要面子，就有可能在最後失去面子！

喧賓奪主要不得

一位分公司的公關經理曉佩，她在商場上有很高的聲譽，前些天聽朋友說她因一件小事而被迫辭職，我感到非常驚訝，後來經瞭解才知道事情的始末。事情是這樣的：總公司的幾位最高主管決定舉行宴會。除了子公司的總經理及一些要員外，總公司的要員當然也少不了，再加上一向合作無間的大客戶，宴會是非常的盛大。

作為公關經理的她喜歡以女強人自居。在任何方面，她的屬下都做得非常出色，這也是她引以自豪的。不知是否被勝利沖昏了頭腦，她在一些宴會中，鋒頭有時竟凌駕於總經理之上。總經理是一位好好先生，在不損及自己利益的情況下，每每讓她發言。總公司與分公司聯合宴會的機會很少，她還是頭一次經歷。由籌備宴會開始，她抱著很謹慎的態度，務求取得母公司主管的讚許。

宴會當晚，她周旋於賓客間，的確令現場氣氛甚為歡樂。直至分別由總公司的高層主管及分公司的總經理致詞時，她在旁邊逐一介紹他們出場。輪到她的上司，即子公司總經理，她不知因為什麼在總經理介紹之前，自己竟先說了一番致謝辭，感謝在場客戶一貫的支援。雖然三言兩語，已讓總公司的主管皺眉，因為她負責的，只是介紹上司出場，而非獨立發言。

在宴會中，總公司主管與她交談，發現她提及公司的事時，都以個人主見發表，全不提及總經理的想法，給人的感覺是，她才是分公司的最高主管。結果，分公司總經理被上級邀請開會，研究他是否堅守自己的職位，而非疏懶至由公關經理代為處理日常業務。她終於自動辭職，原因是她認為被總經理削權，卻不知道是自己的鋒芒太露，喧賓奪主。

作為部屬，你的任務主要是協助上司，在公司最高層人物的眼中，你部門做出的成績，自然也是公司主管領導下的成果。部屬盡力完成上司指派的工作是分內的事，假如你硬要出風頭，只會讓人覺得你不自量力、不識大體。另一方面，如果你鋒芒畢露，上司會從心理上感到壓抑、煩躁，在感情上會很反感。你就會變成上司的心腹之患，即使不會陷害你，你以後也別想有更大的發展了。就像我所提的公關經理那樣，因為她過於越位的表現，導致總部懷疑她的上司是否失職，那麼她的上司再是好好先生，也會採取行動保全自己。

別想在爭辯中獲勝

十九世紀時，美國有一位青年軍官因為個性好強，總愛與人爭辯，所以經常和同僚發生激烈爭執，林肯總統因此處分了這位軍官，並說了一段深具哲理的話：「凡能成功之人，必不偏執於個人成見，更無法承受其後果；這包括了個性的缺憾與自制力的缺乏。與其為爭路而被狗咬，毋寧讓路於狗。因為即使將狗殺死，也不能治好被咬的傷口。」

二十世紀初的美國總統威爾遜，他有一名得力助手，就是財政部長威廉麥克阿杜，他也曾以多年的從政經驗，告訴我們一個重要的道理：「你不可能用辯論擊敗無知的人。」

的確，你若是無知的人，什麼人能用辯論換來勝利呢？

記得我大學剛畢業時，有一次參加朋友的婚禮，席間有一位年輕人在說明新郎與新娘的關係時，用了「青梅竹馬」這個成語。但他為了誇耀自己的博學，還念出了這首詩：「郎騎竹馬來，遶床弄青梅。」不過，這位年輕人卻搞錯了，他所念的這首詩是唐代詩人李白所寫的，而他卻誤以為是宋代女詞人李清照所寫的詩，可能因為這首詩蘊涵的感情深厚，害得他誤會是出自女性作家之手。

也怪我當時年輕氣盛，又認為中國文學是我的特長。為了誇耀這點，我毫不客氣地當著

眾人的面，糾正那人的錯誤；可是不說還好，這樣一說，那人反倒更加堅持自己的意見了。

就在我和他爭論不休時，恰巧我看見我的大學老師坐在隔桌，我的這位老師是專攻唐代文學的博士，現在任教的課程也都是和詩有關，於是我和那年輕人去見我的老師，他也聽過我老師的大名，所以同意讓我老師當裁判。我和他都把各自的觀點說完，老師一直只是靜靜地聽著。然後在蓋著桌布的桌下，用腳輕踢了我一下，態度莊重地對我說著：「你錯了，那位先生說的才對。」

回家的路上我越想越不服氣，我不相信老師這麼有學問的人，竟也會忘記這首詩。於是我一到家就從書架上找出《唐詩三百首》，第二天我連班都不上了，拿著書去學校找老師，要他還我一個公道。在教授研究室裡我遇上了老師，還沒等我把書拿出來，老師就先說了：「你昨天說的那首詩是李白的〈長干行〉，一點也沒錯。」這時我更納悶了，老師看了看我溫和地說：「你說的一切都對，但我們都是客人，何必在那種場合給人難堪？他並未徵求你的意見，只是發表自己的看法，對錯根本與你無關，你與他爭辯有何益處呢？在社會上工作別忘記這點，永遠不和人做無謂的爭辯。」

「永遠不和人做無謂的爭辯。」這句話成了我的座右銘。儘管我和老師已多年不見了，但我永遠記得他當時說這話的神情；這句話至今仍然深深地影響著我。

在辯論結束之後，爭論的雙方十有八九比原來更堅持自己的論調。我們能在辯論中獲勝嗎？永不可能，因為假如我們辯論輸了，那便是無話可說；就算是贏了，一樣也是「輸」。為什麼呢？假如我們贏了對方，把他的說法攻擊得體無完膚，那又能怎樣呢？我們如果得到一時的勝利，那種快感也維持不了多久。

相反的，如果對方在爭辯中輸了，必然會認為自尊心受損，日後找到機會，必然又是報復。因為一個人若並非自願，而是被迫屈服，內心仍然會堅持己見。

當我們與人爭執時，總是不自覺的面紅耳赤。也許我們是對的，甚至是絕對的。但之於對方的想法卻毫無作用——還是如錯誤的一樣。

每當我們要與人爭辯前，不妨先考慮確認一下，到底我要的是什麼？一個是毫無意義的「表面勝利」，一個是對方的好感。這兩件事就如孟子所說「魚」與「熊掌」不可兼得。你需要的是什麼呢？

所以在美國有家保險公司，訓練銷售員的第一條準則就是「不要爭辯」。因為推銷不是辯論，不需為不必要的細節，甚至不相干的事情來爭論。

做烏龜勝過做刺蝟

在生物圈裡，各種動物都有其求生的本能；求生包括兩個動作：一種是帶有攻擊色彩的覓食行為；另一種是保護自己不受傷害的自衛行為。這麼多的動物，求生的本能大同小異，也各有其生存的空間；但有兩種動物，其性格如果放在現實社會裡來看，則充滿了對人類的啟發性意義。

烏龜眾所周知，它動作慢不說，遭遇外力干擾時，便把頭腳縮進殼裡，它不會反擊，可是你也拿它沒辦法；一直到外力消失，它認為安全了，才把頭腳伸出來。這是烏龜的自衛方式。刺蝟則不同，一有外力靠近，它就豎起全身的刺，讓外力知難而退。在自衛行為上，烏龜採取的和刺蝟完全不同，烏龜不會傷人，但刺蝟會傷人。

在現實社會裡，人也需要自衛，但不同的自衛方式，會產生不同的人際效應。這是因為人的世界比動物世界複雜，而人活著，也不只為了生物性的存在而已。

以人性的觀點來看，烏龜式的自衛似乎好過於刺蝟式的自衛。烏龜把頭腳縮進殼裡，對外力的反應可說是有些「遲鈍」，但因為有硬殼的保護，想吃它也不是件容易的事，因此烏龜對外力的侵淩採取的是「逆來順受」的方式，直到對方倦了、膩了為止。但刺蝟是一有風

我們的社會是一個講究「面子」的社會，只有顧及別人的面子，才能讓我們在這個社會裡生存得如魚得水。

吹草動就豎起尖刺，讓其他的動物不敢接近。

人如果採取烏龜式的自衛方式，帶一些遲鈍，就可以減少很多不必要的誤會與麻煩。因為人際的紛爭不是單方面就可以造成的，必須有人回應才可能爭得起來，而遲鈍則可化解這些挑釁，「逆來順受」太極拳式的柔性回應，也可使對方的動作軟化，力量散化，讓對手「無功而退」。另外，由於你知道自己在做什麼，所以你對所處環境有所認知的「心」就有如烏龜的硬殼，使你不致受到傷害。至於刺蝟式的自衛，高警覺的反應固然可以立即使自己進入「備戰」狀態，也可以擊退若干不懷善意者，但若擊不退對方，勢必引起一場厮殺，你會勝利，但也會遍體鱗傷，更有可能被殲滅。為自身權益而戰，是人人肯定的「聖戰」，但這種動不動就豎起全身尖刺的動作卻也會使一般人不敢靠近你，因為他們不知道你是否會對他們的友善動作做出錯誤的判斷，他們怕被你的緊張、過度保護自己而刺傷！

在現實社會裡，具有烏龜人際性格的人，朋友較多，也比較不會有人際問題，對他有敵意的人，最後都成了他的朋友；有刺蝟人際性格的人則相反，朋友越來越少，因為人人都怕惹他！

所以，做烏龜好過做刺蝟！

給他人留條路

某天，我的朋友看上一棟大樓並想在那裡開餐廳，透過仲介與房東交涉，後來經過市場調查發現，這裡的生意可能不會很好，所以我的朋友就無意承租。想不到房東卻跑來跟我的朋友說：「因為你，我才想把大樓租給你，你怎麼談到一半就放棄了呢？」

由於那個人在當地頗有勢力，所以在沒有辦法之下，我的朋友只好承租了，結果不出所料，這家餐廳因地點欠佳，開業後即虧損累累，於是我的朋友向對方提出不再續租的要求。

這一次，他說：「當初是你執意要租我才租給你，如果你不再續租，以後也沒有人會租了，所以你的要求我不答應。」我的朋友告訴他，保證金、押金我都不要，只想離開那個地方。對方略為思考後點頭應允，不過要我的朋友把店中的桌椅留下來給他，看來他好像有意接手經營這家餐廳。「好，我將桌椅留下來。」我的朋友答應他並想結束談話，但他卻進一步要求我的朋友幫他介紹一位經理管理餐廳，這時我朋友生氣了，決定要給他一點教訓，於是他把連鎖店當中業績最差的三位經理送過去，而他們也向那人表示會努力工作。

事情當然不可能一切順利，果不其然，餐廳開張後的第二個月，正值年底最忙碌之時，

我們的社會是一個講究「面子」的社會，只有顧及別人的面子，才能讓我們在這個社會裡生存得如魚得水。

那個人突然跑來對我朋友說：「○○先生，不得了啦！」原來那三人雖然很盡忠職守，但工作能力卻非常差，情況就如同當初預期那般，不過我朋友告訴他，這只是按照他的意思介紹人給他，其餘一概不負責而拒絕了他的其他請求。

儘管這事我的朋友也有損失，但我想那個人的損失更大。其實如果一開始他滿足於自己所擁有某一程度的要求，我朋友就會心平氣和地幫他，結果彼此均能獲利。但他只想到自己且一心要把對手連根剷除，最後反使自己掉入泥潭中。

俗語道：「得饒人處且饒人。」無論如何，凡事都應適可而止，給自己留一條後路。

再者，我們在一些談判或「溝通」的場合中，常常看見一些熟諳法律或人情事故的人，動輒以恐嚇、要脅為手段。來逼迫對方就範，這是一種十分不明智的行為。這些人自以為熟悉法律規章或人情事故，在溝通尚未展開或開始不久就提出「訴諸於法律」或「要對方好看」的恐嚇，自以為對方會因畏懼而答應自己的要求，但是，這可能嗎？就算對方在你的「淫威」下屈服，他們的「歸順」也不會長久，恐怕他們的報復行動也會使你面臨四面楚歌的局面。

假如你遇到一位有經驗的人，那就更慘了。他們對你的威逼恐嚇是不會驚慌畏縮的。他

們早就洞悉你的陰謀了，而且胸有成竹。到時候，你是要做一隻「縮頭烏龜」呢？還是在法庭上「兵戎相見」？不論哪一種選擇對你來說都是死路一條。訴訟或暴力威脅是要「破財」的，若破了財又無法「消災」的話，那豈不是「賠了夫人又折兵」嗎？更何況，即使勝訴的話也未必比交往中化解彼此的歧見要來得理想。因此，一個精明的人在為人處世中是不會把自己或對方給逼上絕路的。

當你不給別人留一點活路的時候，任何人都會進行頑強的反抗，這樣雙方都不會有什麼好結果。

不可不慎的面子問題

作　　者　孫大為

發 行 人　林敬彬
主　　編　楊安瑜
統籌編輯　蔡穎如
責任編輯　林芳如
美術編排　曾竹君
封面設計　曾竹君

出　　版　大都會文化　行政院新聞局北市業字第89號
發　　行　大都會文化事業有限公司
110台北市信義區基隆路一段432號4樓之9
讀者服務專線：（02）27235216
讀者服務傳真：（02）27235220
電子郵件信箱：metro@ms21.hinet.net
網　　址：www.metrobook.com.tw

郵政劃撥　14050529 大都會文化事業有限公司
出版日期　2007年5月初版一刷
定　　價　199元

ISBN　978-986-6846-08-3
書　　號　Growth-017

Metropolitan Culture Enterprise Co., Ltd.
4F-9, Double Hero Bldg., 432, Keelung Rd., Sec. 1,
Taipei 110, Taiwan
Tel:+886-2-2723-5216　Fax:+886-2-2723-5220
E-mail:metro@ms21.hinet.net
Web-site:www.metrobook.com.tw

國家圖書館出版品預行編目資料

不可不慎的面子問題. / 孫大為 著.
-- 初版. -- 臺北市：大都會文化, 2007[民96]
面；　公分. -- (Growth；17)
ISBN 978-986-6846-08-3 (平裝)
1. 人際關係
177.3　　96005562

大都會文化　圖書目錄

度小月系列

路邊攤賺大錢【搶錢篇】	280元	路邊攤賺大錢2【奇蹟篇】	280元
路邊攤賺大錢3【致富篇】	280元	路邊攤賺大錢4【飾品配件篇】	280元
路邊攤賺大錢5【清涼美食篇】	280元	路邊攤賺大錢6【異國美食篇】	280元
路邊攤賺大錢7【元氣早餐篇】	280元	路邊攤賺大錢8【養生進補篇】	280元
路邊攤賺大錢9【加盟篇】	280元	路邊攤賺大錢10【中部搶錢篇】	280元
路邊攤賺大錢11【賺翻篇】	280元	路邊攤賺大錢12【大排長龍篇】	280元

DIY系列

路邊攤美食DIY	220元	嚴選台灣小吃DIY	220元
路邊攤超人氣小吃DIY	220元	路邊攤紅不讓美食DIY	220元
路邊攤流行冰品DIY	220元	路邊攤排隊美食DIY	220元

流行瘋系列

跟著偶像FUN韓假	260元	女人百分百：男人心中的最愛	180元
哈利波特魔法學院	160元	韓式愛美大作戰	240元
下一個偶像就是你	180元	芙蓉美人泡澡術	220元
Men力四射：型男教戰手冊	250元	男體使用手冊：35歲+♂保健之道	250元

生活大師系列

遠離過敏：打造健康的居家環境	280元	這樣泡澡最健康： 紓壓、排毒、瘦身三部曲	220元
兩岸用語快譯通	220元	台灣珍奇廟：發財開運祈福路	280元
魅力野溪溫泉大發見	260元	寵愛你的肌膚：從手工香皂開始	260元
舞動燭光：手工蠟燭的綺麗世界	280元	空間也需要好味道： 打造天然香氛的68個妙招	260元
雞尾酒的微醺世界： 調出你的私房Lounge Bar風情	250元	野外泡湯趣： 魅力野溪溫泉大發見	260元
肌膚也需要放輕鬆： 徜徉天然風的43項舒壓體驗	260元	辦公室也能做瑜珈： 上班族的紓壓活力操	220元
別再說妳不懂車： 男人不教的Know How	249元	一國兩字：兩岸用語快譯通	200元
宅典	288元		

寵物當家系列

Smart養狗寶典	380元	Smart養貓寶典	380元
貓咪玩具魔法DIY： 讓牠快樂起舞的55種方法	220元	愛犬造型魔法書： 讓你的寶貝漂亮一下	260元
漂亮寶貝在你家：寵物流行精品DIY	220元	我的陽光‧我的寶貝： 寵物真情物語	220元

我家有隻麝香豬：養豬完全攻略	220元	SMART養狗寶典（平裝版）	250元
生肖星座招財狗	200元	SMART養貓寶典（平裝版）	250元
SMART養兔寶典	280元		

■人物誌系列

現代灰姑娘	199元	黛安娜傳	360元
船上的365天	360元	優雅與狂野：威廉王子	260元
走出城堡的王子	160元	殞逝的英格蘭玫瑰	260元
貝克漢與維多利亞：新皇族的真實人生	280元	幸運的孩子：布希王朝的真實故事	250元
瑪丹娜：流行天后的真實畫像	280元	紅塵歲月：三毛的生命戀歌	250元
風華再現：金庸傳	260元	俠骨柔情：古龍的今生今世	250元
她從海上來：張愛玲情愛傳奇	250元	從間諜到總統：普丁傳奇	250元
脫下斗篷的哈利：丹尼爾．雷德克里夫	220元	蛻變：章子怡的成長紀實	260元
強尼戴普：可以狂放叛逆，也可以柔情感性	280元	棋聖 吳清源	280元

■心靈特區系列

每一片刻都是重生	220元	給大腦洗個澡	220元
成功方與圓：改變一生的處世智慧	220元	轉個彎路更寬	199元
課本上學不到的33條人生經驗	149元	絕對管用的38條職場致勝法則	149元
從窮人進化到富人的29條處事智慧	149元	成長三部曲	299元
心態：成功的人就是和你不一樣	180元	當成功遇見你：迎向陽光的信心與勇氣	180元
改變，做對的事	180元	智慧沙	199元
課堂上學不到的100條人生經驗	199元	不可不防的13種人	199元
不可不知的職場叢林法則	199元	不可不慎的面子問題	199元

■SUCCESS系列

七大狂銷戰略	220元	打造一整年的好業績	200元
超級記憶術：改變一生的學習方式	199元	管理的鋼盔：商戰存活與突圍的25個必勝錦囊	200元
搞什麼行銷：152個商戰關鍵報告	220元	精明人總明人明白人：態度決定你的成敗	200元
人脈=錢脈：改變一生的人際關係經營術	180元	週一清晨的領導課	160元
搶救貧窮大作戰の48條絕對法則	220元	搜驚．搜精．搜金：從Google的致富傳奇中，你學到了什麼？	199元
絕對中國製造的58個管理智慧	200元	客人在哪裡？：決定你業績倍增的關鍵細節	200元
殺出紅海：漂亮勝出的104個商戰奇謀	220元	商戰奇謀36計：現代企業生存寶典 I	180元

商戰奇謀36計：現代企業生存寶典 II	180元	商戰奇謀36計：現代企業生存寶典 III	180元
幸福家庭的理財計畫	250元	巨賈定律：商戰奇謀36計	498元
有錢真好：輕鬆理財的十種態度	200元	創意決定優勢	180元
我在華爾街的日子	220元	贏在關係－勇闖職場的人際關係經營術	180元

都會健康館系列

秋養生：二十四節氣養生經	220元	春養生：二十四節氣養生經	220元
夏養生：二十四節氣養生經	220元	冬養生：二十四節氣養生經	220元
春夏秋冬養生套書	699元	寒天：0卡路里的健康瘦身新主張	200元
地中海纖體美人湯飲	220元		

CHOICE系列

入侵鹿耳門	280元	蒲公英與我：聽我說說畫	220元
入侵鹿耳門（新版）	199元	舊時月色（上輯＋下輯）	各180元
清塘荷韻	280元	飲食男女	200元

FORTH系列

印度流浪記：滌盡塵俗的心之旅	220元	胡同面孔：古都北京的人文旅行地圖	280元
尋訪失落的香格里拉	240元	今天不飛：空姐的私旅圖	220元
紐西蘭奇異國	200元	從古都到香格里拉	399元
馬力歐帶你瘋台灣	250元	瑪杜莎艷遇鮮境	180元

大旗藏史館

大清皇權遊戲	250元	大清后妃傳奇	250元
大清官宦沉浮	250元	大清才子命運	250元
開國大帝	220元		

大都會運動館

野外求生寶典：活命的必要裝備與技能	260元	攀岩寶典：安全攀登的入門技巧與實用裝備	260元

大都會休閒館

賭城大贏家：逢賭必勝祕訣大揭露	240元	旅遊達人：行遍天下的109個Do&Don't	250元
萬國旗之旅－輕鬆成為世界通	240元		

BEST系列

人脈＝錢脈－改變一生的人際關係經營術（典藏精裝版）	199元		

FOCUS系列

中國誠信報告	250元	中國誠信的背後	250元
誠信：中國誠信報告	250元		

■禮物書系列

印象花園 梵谷	160元	印象花園 莫內	160元
印象花園 高更	160元	印象花園 竇加	160元
印象花園 雷諾瓦	160元	印象花園 大衛	160元
印象花園 畢卡索	160元	印象花園 達文西	160元
印象花園 米開朗基羅	160元	印象花園 拉斐爾	160元
印象花園 林布蘭特	160元	印象花園 米勒	160元
絮語說相思 情有獨鍾	200元		

■工商管理系列

二十一世紀新工作浪潮	200元	化危機為轉機	200元
美術工作者設計生涯轉轉彎	200元	攝影工作者快門生涯轉轉彎	200元
企劃工作者動腦生涯轉轉彎	220元	電腦工作者滑鼠生涯轉轉彎	200元
打開視窗說亮話	200元	文字工作者撰錢生活轉轉彎	220元
挑戰極限	320元	30分鐘行動管理百科(九本盒裝套書)	799元
30分鐘教你自我腦內革命	110元	30分鐘教你樹立優質形象	110元
30分鐘教你錢多事少離家近	110元	30分鐘教你創造自我價值	110元
30分鐘教你Smart解決難題	110元	30分鐘教你如何激勵部屬	110元
30分鐘教你掌握優勢談判	110元	30分鐘教你如何快速致富	110元
30分鐘教你提昇溝通技巧	110元		

■精緻生活系列

女人窺心事	120元	另類費洛蒙	180元
花落	180元		

■CITY MALL系列

別懷疑！我就是馬克大夫	200元	愛情詭話	170元
唉呀！真尷尬	200元	就是要賴在演藝圈	180元

■親子教養系列

孩童完全自救寶盒（五書＋五卡＋四卷錄影帶）	3,490元（特價2,490元）
孩童完全自救手冊：這時候你該怎麼辦（合訂本）	299元
我家小孩愛看書:Happy 學習 easy go!	220元
天才少年的5種能力	280元
哇塞！你身上有蟲！：學校忘了買、老師不敢教，史上最髒的科學書	250元

關於買書：

1. 大都會文化的圖書在全國各書店及誠品、金石堂、何嘉仁、搜主義、敦煌、紀伊國屋、諾貝爾等連鎖書店均有販售，如欲購買本公司出版品，建議你直接洽詢書店服務人員以節省您寶貴時間，如果書店已售完，請撥本公司各區經銷商服務專線洽詢。

   北部地區：(02)29007288　桃竹苗地區：(03)2128000　中彰投地區：(04)27081282
   雲嘉地區：(05)2354380　臺南地區：(06)2642655　高雄地區：(07)3730087
   屏東地區：(08)7376441

2. 到以下各網路書店購買：
   大都會文化網站（http://www.metrobook.com.tw)
   博客來網路書店（http://www.books.com.tw)
   金石堂網路書店（http://www.kingstone.com.tw)

3. 到郵局劃撥：
   戶名：大都會文化事業有限公司
   帳號：14050529

4. 親赴大都會文化買書可享8折優惠。

不可不慎的面子問題

北區郵政管理局
登記證北台字第9125號
免貼郵票

大都會文化事業有限公司
讀者服務部收
110台北市基隆路一段432號4樓之9

寄回這張服務卡（免貼郵票）
您可以：
◎不定期收到最新出版訊息
◎參加各項回饋優惠活動

大都會文化　**讀者服務卡**

書號：**Growth 017 不可不慎的面子問題**

謝謝您選擇了這本書！期待您的支持與建議，讓我們能有更多聯繫與互動的機會。

A. 您在何時購得本書：＿＿＿＿年＿＿＿＿月＿＿＿＿日

B. 您在何處購得本書：＿＿＿＿＿書店（便利超商、量販店），位於　　　（市、縣）

C. 您從哪裡得知本書的消息：1.□書店 2.□報章雜誌 3.□電台活動 4.□網路資訊 5.□書籤宣傳品等 6.□親友介紹 7.□書評 8.□其他＿＿＿＿＿＿

D. 您購買本書的動機：（可複選）1.□對主題和內容感興趣 2.□工作需要 3.□生活需要 4.□自我進修 5.□內容為流行熱門話題 6.□其他＿＿＿＿＿＿

E. 您最喜歡本書的：（可複選）1.□內容題材 2.□字體大小 3.□翻譯文筆 4.□封面 5.□編排方式 6.□其他＿＿＿＿＿＿

F. 您認為本書的封面：1.□非常出色 2.□普通 3.□毫不起眼 4.□其他＿＿＿＿＿＿

G. 您認為本書的編排：1.□非常出色 2.□普通 3.□毫不起眼 4.□其他＿＿＿＿＿＿

H. 您通常以哪些方式購書：（可複選）1.□逛書店 2.□書展 3.□劃撥郵購 4.□團體訂購 5.□網路購書 6.□其他＿＿＿＿＿＿

I. 您希望我們出版哪類書籍：（可複選）1.□旅遊 2.□流行文化 3.□生活休閒 4.□美容保養 5.□散文小品 6.□科學新知 7.□藝術音樂 8.□致富理財 9.□工商管理 10.□科幻推理 11.□史哲類 12.□勵志傳記 13.□電影小說 14.□語言學習（＿＿語）15.□幽默諧趣 16.□其他＿＿＿＿＿＿

J. 您對本書（系）的建議：＿＿＿＿＿＿＿＿＿＿＿＿

K. 您對本出版社的建議：＿＿＿＿＿＿＿＿＿＿＿＿

讀者小檔案

姓名：＿＿＿＿＿＿　性別：□男 □女　生日：＿＿年＿＿月＿＿日

年齡：□20歲以下 □20～30歲 □31～40歲 □41～50歲 □50歲以上

職業：1.□學生 2.□軍公教 3.□大眾傳播 4.□服務業 5.□金融業 6.□製造業 7.□資訊業 8.□自由業 9.□家管 10.□退休 11.□其他＿＿＿＿

學歷：□國小或以下 □國中 □高中／高職 □大學／大專 □研究所以上

通訊地址：＿＿＿＿＿＿＿＿＿＿＿＿

電話：(H)＿＿＿＿＿＿　(O)＿＿＿＿＿＿　傳真：＿＿＿＿＿＿

行動電話：＿＿＿＿＿＿　E-Mail：＿＿＿＿＿＿

◎謝謝您購買本書，也歡迎您加入我們的會員，請上大都會網站 www.metrobook.com.tw 登錄您的資料，您將不定期收到最新圖書優惠資訊及電子報。